陈佳彦——著

书，这样读有意思

给高中生的读写小贴士

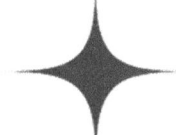

上海大学出版社

图书在版编目(CIP)数据

书,这样读有意思:给高中生的读写小贴士/陈佳彦著. -- 上海:上海大学出版社,2024.6. -- ISBN 978-7-5671-4999-1

Ⅰ.G634.303

中国国家版本馆 CIP 数据核字第 20248V4X77 号

策划编辑　陈　露
责任编辑　厉　凡
封面设计　缪炎栩
技术编辑　金　鑫　钱宇坤

书,这样读有意思
——给高中生的读写小贴士
陈佳彦　著
上海大学出版社出版发行
(上海市上大路 99 号　邮政编码 200444)
(https://www.shupress.cn　发行热线 021-66135112)
出版人　戴骏豪

*

南京展望文化发展有限公司排版
江苏凤凰数码印务有限公司印刷　各地新华书店经销
开本 710mm×1000mm　1/16　印张 15.25　字数 220 千
2024 年 8 月第 1 版　2024 年 8 月第 1 次印刷
ISBN 978-7-5671-4999-1/G·3624　定价 68.00 元

版权所有　侵权必究
如发现本书有印装质量问题请与印刷厂质量科联系
联系电话: 025-57718474

陈佳彦老师是在教学管理中"长成"的高中校长,更是从教学一线"成长"起来的语文高级教师,她的这本《书,这样读有意思——给高中生的读写小贴士》,让我看到了有关读书的许多专业的引导和有趣的指导,真是先睹为快。

陈老师谦虚地说"这是一本小册子",大概是因为这本书读起来轻松愉快,而我以为所谓"小册子"却并不小,深入浅出的文字里渗透了佳彦老师的语文专业素养和高中教育理念,让我不时地心有戚戚焉。一方面,"读书那么好的事儿",让学生愿意读起来就好;另一方面,"阅读活动的复杂性"远超想象,要让学生真的会读书,其实没那么容易。为此,本书把"阅读一般心理""阅读基本方法"与"阅读衍生学习"统整起来,在如何启发学生去实践、去思考"读读写写"那些事上,付出了极大的努力,闪烁着不一般的阅读智慧。

本书在结构和编排上的智慧更是可圈可点。全书总共分为八个章节。内容上,基于阅读的时间和时节特点,全书把一年划分为六个单元,每两月就某一个时节特点,或就某一类文体(散文、人物传记、杂文、小说戏剧、古诗词、学术作品等)给予"心灵鸡汤"、阅读建议和"阅读成长记录单"——"记录单"可以辅助读者学完本章后练笔,从而达成自我反思和提升的目标。第七章,则主要汇集了"由阅读到写作"的策略技能上的指导,以小见大,体贴入微,潜移默化。而第八章可以说,是"由阅读到行动"的关于语文学科和教育管理的宏观思考。如此设计,便于读者边读边想,边想边做,边做边反思,从而使这本书事实上成了一本读写互动、读者与作者也互动的语文学习指导用书。

可以想见，高中学生只要认真读进去了，做起来了，这本书可以促发他们多少智慧啊。对于一线教师来说，这又显然是一本教学辅助读物，可以为他们指导阅读、开展写作教学提供新的思路。至于一般读者，阅读这本书也就相当于重新走进了语文课堂，顺着八个章节，由"阅读"到"读写指导"，由"读写指导"到"语文学科教育管理"，不仅可以"入乎其内"，润物无声地习得"读书"的一般方法，在"成长记录单"里检验自己的收获，而且可以"出乎其外"，跟着陈老师回顾、俯瞰、省思"读书"这件事和"语文"这个学科。这样做家长的话，一定会更有底气，可以带着孩子一起爱上阅读、乐于写作。

佳彦老师客气地请我作序，那是断然不敢的。写下这些话，一是祝贺，二为推荐。让我们赶紧打开这本书，这是一位深耕语文课堂的教育管理者，这里有资深读者的智慧结晶，这里更有教书育人的拳拳之心，人同此心，心同此理，将心比心。

2024 年酷暑中

（作者系华东师范大学中文系教授、

语文教育研究中心研究员）

在快节奏的现代社会中,高中生们忙碌的身影随处可见。他们忙于学业,忙于考试,以至于有时连"教材"以外的书籍都难以翻阅,甚至"作文"之外的点滴感悟都无暇记录。然而,普通高中语文课程标准却强调"整本书阅读"与"学生写作"的重要性。如何在忙碌的学习生活中,为学生们指明一条有规划、有兴趣的读写之路,已成为教育界普遍关注的话题。

作为一线语文教师和教育管理者,我深感责任重大。在此,我希望能为高中生们提供一些有趣的读写指导,希望这本书——《书,这样读有意思——给高中生的读写小贴士》能成为他们探索读写世界的一点微光。

在翻开这本书之前,我想与大家分享一些关于读书与行事的思考。林则徐在其《家训》中曾言:"行事不端,读书无益。"这句话虽简短,却道出了读书与品行之间的紧密联系。读书不仅仅是为了获取知识,更重要的是在读书的过程中学会如何为人处世,如何行事端正。只有将读书与行事相结合,我们才能真正领略到读书的乐趣和价值。

在青春的花季雨季里,读书对于我们的成长和行事具有深远的影响。我希望能与你们一起,探索读书与润笔的奥秘。在学习的闲暇之余,让我们随着季节的更迭,每两个月为自己选定一本值得阅读的书籍,共同探讨读什么、怎么读以及如何将其中的智慧应用于生活之中。

因为,读书与做人做事本就是紧密相连的。让我们一起共勉:

涉猎之广,贵在精神之独立,濯莲之水徐荡,映带四方之智慧。

品行之正，贵在勖勉之不懈，求索之路盎然，尽显殷勤之极致。行为之端，贵在赤诚之真心，利物之行回响，力求墨色之飘香。

愿我们都能在读书与行事的道路上，不断前行，收获满满。

我一直致力于编写一本基础教育语文学习的书籍，它既要有学术价值，又要让读者感到轻松有趣。因为我坚信，"学术"不应该只是高深艰涩的代名词。因此，我将从我的专业理论与实践的视角出发，与大家分享一些有趣的读书方法和见解。

天下可读的作品浩如烟海，而指导我们阅读的专家老师也各有其独到之处。从宏大的史诗巨著到简短有力的只言片语，从文史哲的深刻思考到理工农医的实用知识，都是人类文明的瑰宝，都值得我们去阅读和学习。据有关调查研究表明，如今一个人一天所接受的信息量相当于174份报纸的信息量。然而，随着社会的飞速发展，人们对教育的个性化需求也越来越高。因此，如何提升高中学生的语文阅读、写作兴趣和能力，如何选择读物、如何阅读、如何写作，这些问题已经成为一个值得我们深入探讨和研究的话题。

作为一名拥有20多年教龄的老师，我想先从"读"这个方面开始与大家分享。

一、关注心理发展的需求变化

首先，我们要关注学生的心理发展需求变化。学校教育理念的构建应当适应并引导孩子的心智发展。记得在2013年参观美国Washington-Lee High School时，我被该校墙壁上的一块蓝底白字警示语所吸引："Take care of Yourself, Take care of Each Other, Take care of Your School."这句话简单而深刻，从"关心自己"到"互相关心"，再到"关心学校"，这种递进关系符合人对自我、他人的认知过程，也再次印证了马斯洛的"需求层次"理论。这种教育方式使孩子更易于接受，从而转化为实际的行为，产生积极的教育效果。

当然，在尊重孩子个性的同时，我们也要引导他们理解"different"与"good"的本质区别。在学校的饮水机上方，有一张由 Arthur Freed 题写的警语："Don't try to be different. Just be good. To be good is different enough."这句话告诉我们，不要刻意追求与众不同，而是要努力做好自己。真正的与众不同来自内在的优秀和品质。这种文化铺垫值得我们慢慢体会——我们期待孩子与众不同，但更应该让他们明白，你的"不一样"是为了让你我他"更好"！盲目追求标新立异并不是真正的个性展示。理解这一点将有助于你选择适合自己的读物。

二、建立立体维度的认知结构

其次，我们要建立立体维度的认知结构。在知识大爆炸的时代，孩子可以通过多种渠道和媒介来认知世界。这种快速、多样、大信息量的汲取方式提高了人们的认知能力，同时也对学校教育提出了新的挑战。以一本儿童读物 *Little One Whoever You Are* 为例，它向孩子们介绍了来自全球不同肤色、不同学校、不同生活背景的人们，展示了他们共同拥有的感知爱和疼痛的心。这本书告诉我们，世界是广博而友好的，我们应该从小就教导孩子广博地认知世界。然而，仅仅有宽度的"认知"是不够的，我们还需要关注其深度。另一本儿童读物 *A Cool Drink of Water* 就是一个很好的例子。它向孩子们展示了水的来源、形态以及它在人们生活中的重要作用。通过这本书，孩子们可以更加深入地了解水的重要性，学会珍惜和感恩生命之源。这种"俯身"读世界的方式可以培养孩子的怜悯和同情之心，帮助他们建立正确的情感、态度和价值观。

通过以上例子，我们可以更加形象地理解：在"认知"中，我们不应该仅仅追求通过加大教学难度来扩展深度,而应该注重培养孩子的"社商",即他们的社会交往能力和情感表达能力。这种"俯身""仰视"世界的培养方式是一个极好的评价维度,将使他们受益终身。

三、结合阅读时节的文体阅读方法

阅读兴趣与能力的培养对于一个人的人文、科学素养的养成,以及终身学习、人际交往、眼界心胸、理想志趣的发展都至关重要。根据时节的变化,推荐不同文体的文本,将"阅读与阅读一般心理""阅读与阅读一般方法""阅读与阅读衍生学习"相结合,以有节奏的"双月谈"形式启发读者,这样的做法具有深刻的语文教学专业价值和教育意义。

通常来讲,阅读方法是理解读物内容、从中接受信息所采用的手段或途径。这些方法种类繁多,如:① 综合类,包括朗读法、默读法、精读法、略读法、速读法等;② 分项类,涉及解词、释句法,文章结构分析法,文章中心思想归纳法等;③ 与思维方法结合,有分析、综合、比较、概括、归纳和演绎阅读法等;④ 阅读笔记方法,如划重点、写标题,编写读书提纲,写读后感及读书心得等;⑤ 按文体阅读,包括散文阅读法、小说阅读法、诗歌阅读法、剧本阅读法、科技文阅读法等。

我们可以巧妙地结合这些方法,适当采纳,将学术知识以更温和的方式呈现,增强其可读性和趣味性。本书共分为八个章节,前六章以一名高中生的视角,将一年的时间划分为六个单元,根据教育节奏和季节特点,每两个月推荐一类文体的阅读建议、"心灵鸡汤"和"阅读成长记录单"。这些"记录单"旨在辅助读者在阅读后进行自我反思和提升,同时也为读者提供了飞扬思绪、再创造的新空间。

例如,在7月至8月的暑假期间,推荐阅读"怀人、记事散文",以帮助学生调整心态,准备进入新的环境,认识新朋友、新同学,并培养识人知事的能力。这既有助于初高中写作的衔接,也有助于舒缓阅读情绪。9月至10月,开学之际，推荐阅读人物传记，以激发学生的奋斗目标。11月至12月，在金秋静冬时节，推荐阅读杂文，以培养学生的客观思辨能力和针砭时弊的思维能力。接下来的月份，根据不同季节和学生的心理需求，推荐阅读不同文体的文本，如小说、戏剧、诗歌、学术作品等。

在阅读过程中，我们可以结合一些写作"小指导"作为读者阅读后的学习"小支架"，以促进阅读的衍生培养。最后，通过"阅读"衍生出去看语文学科、教学管理等方面的内容，以激发高中生甚至是基础教育语文教师的自觉发展意识和能力。我期望本书能激活读者的读写智慧，推进"教育懂社会""社会懂教育"的理念。

总之，关注孩子心理发展需求、建立立体维度的认知结构、结合阅读时节掌握文体阅读方法等方面，都是我们在阅读和学习过程中需要关注的重点。让我们静下来、慢下来，享受读书、行文、为人、处世的乐趣。相信通过不断地学习和实践，我们都能成为更好的自己。

好了，现在就开始吧！

第一章 七月八月：微小力量，成为蓄势待发的可能

1. 规划自己的美好 …………………………………… 003
2. 做好现在　成就未来 ……………………………… 005
3. 关注语言形式　驻足散文阅读
   ——借史铁生《合欢树》浅谈散文阅读的一种方法 ……… 007
4. 多一点、补一些、想一下，从杨绛散文《老王》看
   "人性美" …………………………………………… 013
5. 阅读成长记录单 …………………………………… 017

第二章 九月十月：预备出发，读人知世照见自己

1. 开学，开学，奈若何？ …………………………… 035
2. 读读人物传记，聊聊"记住别人" ………………… 037
3. 浅谈品读人物传记与语文学习
   ——以《胡风自传》为例 ………………………… 040
4. 读历史风云人物　悟当今变幻事物
   ——以李思平编著《大清十二帝》为例 ………… 045

5. 阅读成长记录单 ··· 048

📚 第三章 十一月十二月：金秋静冬，不容错过的杂文蕴藉时光

1. 选择"成长型思维" ··· 053
2. 人生可以不设限 ··· 055
3. 又念鲁迅，纪念五四运动 100 周年 ······································ 059
4. 回忆鲁迅先生
   ——读萧红《回忆鲁迅先生》的一点想法 ···························· 061
5. 怎样读懂针砭时弊的演讲稿
   ——以 1924 年鲁迅《未有天才之前》为例 ························· 071
6. 今天，我们一起读鲁迅 ·· 076
7. 阅读成长记录单 ··· 083

📚 第四章 一月二月：虚实人生，催人反思的小说、戏剧

1. 谈谈爱美 ··· 087
2. "月亮化石"的前世今生
   ——献给我的青春，写于"月亮化石"剧团成立 20 年之际
   ··· 089
3. 从共性出发，比较阅读，品读小说人物性格复杂性
   ——以部编高中语文教材整本书阅读《红楼梦》为例 ······ 092
4. 元杂剧《窦娥冤》的教、学新用 ·· 101

5. 阅读成长记录单 ··· 106

📚 第五章 三月四月：生如逆旅，诗人诗情触及柔软与坚强

1. 民族绵延离不开文化自信 ································· 111
2. 阅读古诗词的重要能力：你能"触景生情"吗？
   ——以"水性"与"人情"为例 ···················· 113
3. 弦外之音　味外之旨
   ——浅谈中国古诗的"含蓄美" ···················· 120
4. 一种迷醉心怀的智慧
   ——从苏轼哲理诗感受古诗"哲理美" ············ 128
5. 由诗到文体会文学"意境美" ·························· 132
6. 阅读成长记录单 ··· 139

📚 第六章 五月六月：逻辑力量，学术作品激发缜密思考

1. 自律和懂礼
   ——让你们更出色 ······································ 143
2. 乏味的说明文与难懂的学术作品 ····················· 145
3. 读万卷书，这一卷不可少……
   ——读《读万卷书——葛剑雄自选集》，向学术研究迈进
   ·· 150
4. 《我们台湾这些年》
   ——一本从平民视角望去的书 ······················ 154

5. 阅读成长记录单 ································· 157

第七章　打下读写基础，慢慢润笔生花

1. 写日记
　　——个性而美妙的学习体验 ················· 161
2. 怎样扩写成语故事？ ························ 164
3. 把人物刻画得活灵活现的关键是什么？ ········· 166
4. 怎样写好议论性的小段？ ······················ 170
5. 怎样训练自己的"概括能力"呢？ ················ 173

第八章　读书"有意思"，灵感"有来源"

1. 小议语文教学本色 ···························· 187
2. 浅论语文教学的美育基础 ······················ 192
3. 浅谈语文老师的"看家本领"
　　——语言与板书 ··························· 197
4. 浅析如何提升语文教师的美育修养 ·············· 203
5. 语文学习"场"建设的探索 ····················· 209
6. 培育促进学生个性发展的土壤
　　——浅谈如何创设"动机支持"的学习环境 ······ 216

后记 ··· 225

张小娴说:"凡所际遇,绝非偶然。"遇见了就是一种缘分,"预见"我们能够"遇见",那就更加是种不散的缘分……尤其是在你们青春年少时,我们能一起走走停停、看看想想——多美!

可是当下,我们成年人好似少了跟"大孩子"或是"小大人"一起仰望星空的耐心,少了耐心的原因自然是少了"控制"他们或是他们"依赖"我们的可能,而这一切终究归咎于我们和"青春"少了话题。

青春需要用感性、理性和人性的话题来碰撞,要碰撞出火花就需要我们静下心来好好阅读!那么来吧,让我们读读想想、谈谈写写,让书读起来更有意思!

第一章

七月八月

微小力量
成为蓄势待发的可能

七月八月，一个悠长而充实的暑假摆在了我们眼前。作为青年人，对未来有了自认为成熟的界定，对前行的路开始树立起自以为清晰的界碑。那么，何不从规划自己的美好人生开始，读读那些怀人、记事散文，让那些打动你的人物、事件成为你成长的动力呢？

1. 规划自己的美好

和所有的六月一样,学校又送走了一届初三、高三的学生,转眼间毕业季的伤感已经被成功的喜悦和新学府的热诚冲淡。没想到,真的没想到,时间真过得这么快!让我想想,再想想:陪伴你们的我们,在自己教书育人的岗位上再添浓墨重彩或是淡如荷香的一笔,你们的成长就是我们的记忆。

弹指一挥间,在一届届学生成长的过程中,我们要经历多少你我他的纪念日,乃至国家民族甚至世界的纪念日。一个人的一生中,有多少值得铭记的日子?一个国家、一个民族又有多少需要永远记住的日子?作为拥有民族和国家的人,我们该有多少不能忘却的日子——而我以为这些铭刻在心的日子就是指引我们规划未来的"提示符""加强音",在你们这个年龄,是到了规划自己美好未来的时候了!

我一直以为学校是培养心系国家未来发展的未来人才的摇篮,即使暑假即将到来,你们也可以利用这段时间审视自己的过去,编织自己的未来、自己的梦想。

那么,怎么做才能离梦想更近一些呢?这里并不是大人们的说教之地,而是你我共同探讨的场所。

正如我开篇所言,"没想到,真没想到,时间过得这么快!"人的一生其实很短暂,无论你想让自己充实而闪耀,抑或是朴实而自然,都不能阻挡你成为时间的主人。因此规划好自己的时间至关重要。做一张适合自己、适合发展的长短期计划表,从这个令人憧憬的假期开始,列一个时间任务单,劳逸结合地向着你的目标挺进，将这个假期变成你人生实实在在的一段美好记忆。你还可以跟家人走近大自然，阅读几本书，跑几次步，去图书馆或博物馆听几场讲座，或是沉浸在学科的奥妙海洋中，有规律、有步骤地完成你的计划，其实这本身就是一种美好！

当然，填充时间的便是我们的行动内容。作为高中学生，你们更应该积极参加社会公益活动，用你们的热忱去证明这个世界的温存。记得某个端午节期间，我和我的同事们有幸参加了一个公益组织的志愿者服务活动，在陪伴那些特别的孩子玩耍时，我深深体会到了"我很重要"！作为一个社会公民，伸出你善意、援助之手可以为这个世界带来很多温暖与力量。

同时，仅仅关注自己还是不够的。在这个自媒体盛行、世界新闻满天飞的时代，"家事国事天下事事事关心"的古训让我们无法避开这个世界的纷繁复杂！其实"地球村"这个概念越来越清晰地提醒着我们，努力学会规划自己的人生，走好每一步，"梦想"才会在我们的手中逐渐"成真"。

如若你学会了规划自己的时间和行为，那么你一定会更加珍惜自己的存在，不断向梦想靠近。还需要多说什么呢？那就赶快动手动脑，迈开坚定的步伐，向着目标前进吧！每一个人都是独一无二的瑰宝，你真的很重要！

2. 做好现在　成就未来

文字总是承载着记录历史、展望未知的重任。曾经，我们共同纪念了抗日战争胜利暨世界反法西斯胜利70周年的庄严时刻。历史的枪炮声虽已悄然从人们细碎的皱纹中淡去，但留下的痕迹却深深刻在每个人的心中。今天，我们更加懂得"和平"的珍贵，更加明了"勿忘国耻"的意义。正是因为我们珍视并把握现在——国家的发展，同时也润泽了我们每一个人的成长与成就。

暑假将至，在这个短暂的休整期中，我们可以做点什么呢？借此机会，我想谈谈我的想法：我们应一如既往地保持良好的礼节。作为礼仪之邦的传人，懂得礼仪会让你更加高雅。无论你身处何地，都不要伤害生养你的父母、培养你的学校、滋润你的家乡以及保护你的祖国。

当然，看似悠长的暑假，实则是我们蓄势待发的宝贵时光。知识的更新与传承，促使老师们笔耕不辍，不断思考。我们希望自己的勤勉能成为你们的榜样，引领你们前行。不要因为考试结束就将学习遗忘，因为学习应该是我们终生的伴侣。正如你们可能喜欢的那位90后演员、歌手、门面担当、个人微博单条评论创吉尼斯世界纪录的鹿晗，他曾说："我不屑比赛，我只是热爱！"现在，如果你们能用这样的态度去学习，全身心地投入并享受学习的过程，又怎会不成就你们美好的未来呢？

正如你们应该敬重的1930年出生的"90"后——诺贝尔奖获得者屠呦呦女士，她和她的团队赢得了颁奖人为她单膝跪下牵引话筒的殊荣，而颁奖人也因此得到了更多人的尊重。那全然是因为人们对于忠诚的学习者的崇敬与尊重。由此想来，生活无处不是学习的课堂！

　　有一种高雅的礼节，让人心生敬意；有一颗乐于学习的心，让人不断进步；有一个令人微笑的梦想，让人内心充满阳光！这个暑假，让我们怀揣这些美好的品质，做好你的现在，就能成就你的未来！不要怨天尤人，不要因为暂时的失败而放弃，因为"冬天来了，春天还会远吗？"让我们共勉：做好现在，就可以成就未来！

3. 关注语言形式　驻足散文阅读

——借史铁生《合欢树》浅谈散文阅读的一种方法

常说"散文形散而神不散",可这"散"开去就难为学生了,怎样让学生读懂散文呢?其实每位老师都少不了从文本出发,从字词句、段篇章入手与学生共同分享习得的快乐!但有时候我们看一篇文章似乎就是为了认识一个个人物,了解一件件事情,获得一次次情感体验而"得意忘形",重视了作者"写什么",而忽略了作者"怎么写",对文章的语言形式缺少有意的关注。而正如歌德所言,"内容人人看得见,含义只有有心人得之,形式对于大多数人是一个秘密"。由"内容"到"含义"进而直逼"形式",步步揭示"文学"的独当之任。

野人献曝,愿以史铁生《合欢树》为教学之例,浅谈散文阅读中如何关注语言形式,以及其对语文教学(阅读)的作用。

一、朗朗书声,文本精读看"字词"

语文课上少不了朗朗的读书声,但随着文章篇幅逐渐变长,一堂课又要保证容量和质量,"读什么"常常困扰着教师,或随意或刻意。如若将"朗读"与品味语言结合在一起,应该是一个一举两得之策吧。

"朗读"的要义,在于将"写在纸上的语言变成活的语气"(朱自清),在于将"原汁原味"的气韵声调、思想感情传达出来，在于"得其滋味"（朱熹）。那么，我们需要和学生一起体会的，就是那些更能体现语气的语言。

例一：从字词看人物性格

（原文）十岁那年，我在一次作文比赛中得了第一。母亲那时候还年轻，急着跟我说她自己，说她小时候的作文作得还要好，老师甚至不相信那么好的文章会是她写的。"我那时可能还不到十岁呢。"我听得很扫兴，故意笑："可能？什么叫可能还不到？"她就解释，我装作根本不再注意她，把她气得够呛。不过我承认她聪明，承认她是世界上长得最好看的女的。她正给自己做一条蓝地白花的裙子。

《合欢树》此文浸润合欢之愿，却无欢愉之心。在教授《合欢树》时，开头一段用诵读方式将学生带入文本的老师并不多，受我的一位师傅——已故原上海市教委教研室副主任、语文教研员陈钟梁老师的启发，我尝试用看似适合小学生的授课方式来教高中学生，用意颇深。在朗读文本时，我采用"老师读一句，同学们跟读一句"的方式，让学生体会、揣摩上个世纪六十年代，十岁的儿子和三十多岁的年轻母亲之间的对话，从那些体现情感的字词中感受语言的力量。

年轻母亲听闻十岁儿子作文获奖，就"急"着说，"我那时可能还不到十岁呢"。十岁的男孩，容不得母亲说她小时候作文写得比自己好，母亲"她就解释"，儿子不听就"把她气得够呛"。母亲为何"急"，为何"气"？为何说"可能"？这些关键的字词对人物形象刻画起着重要的作用。

从这些字词中可见，那时的母亲哪怕是和儿子也要较真儿——但作者没有详写，只是简单地说"母亲那时还年轻，急着跟我说她自己"，那时的母亲应该是热爱生活、懂得生活、能欣赏美的年轻女性——作者也只是漫不经心地用"她正给自己做一条蓝地白花的裙子"一笔带过。短短一个自然段就展现出一个风华正茂，开朗健谈，有些好胜心的母亲形象，描绘了一幅儿子、母亲亲近和谐的画面。基于如此推敲后再朗读，自然就将语言变成语气略。

○ 第一章 七月八月：微小力量，成为蓄势待发的可能

例二：从字词中体会情感变化

（原文）有一年，人们终于又提到母亲："到小院儿去看看吧，你妈种的那棵合欢树今年开花了！"我心里一阵抖，还是推说手摇车进出太不易。大伙就不再说，忙扯些别的，说起我们原来住的房子里现在住了小两口，女的刚生了个儿子，孩子不哭不闹，光是瞪着眼睛看窗户上的树影儿。

"有一年，人们终于又提到母亲"——"终于"二字蕴藏着什么意味？这个词有那么重要吗？事实上，一个体现过程性的词语是值得琢磨的。"终于"是指"经过种种变化或等待之后出现的情况。"（《现代汉语词典》，1987年，商务印书馆）这个变化、等待中包含着诸多的人、事、情。大家为什么不提？为什么不敢提？为什么还是提了？"我在院子当中，喝东家的茶，吃西家的瓜……""大伙就不再说，忙扯些别的……"由此可见，这四合院老邻居们的善良，母亲当年也一定是和气勤快的，那合欢树就这样种下了。"终于"二字，是人们经历了一段时间的等待、反复的思考、善意的鼓动、最终付诸行动——这样玩味一个词，品读一个词才能更好地理解文章。

二、居高临下，整体阅读看"篇章"

（一）灵活运用谋篇布局

谋篇布局，这是语言形式的综合体现。或是讲究首尾的呼应，或是运用巧妙的伏笔，或是有着严谨的结构，或是灵活运用不同的表达方式，等等。

读《合欢树》时读者一定会发现，文本的1至6节几乎没有任何与合欢树有关的文字，只是追忆"我"十岁、二十岁、三十岁和母亲的故事。到了文章第七节，"主角"合欢树才姗姗而来。在这部分中，作者以平淡的语调，平实地叙述了十岁那年作者因作文获奖而引发的母子间的小争议，二十岁时母亲想方设法为"我"治病、鼓励"我"写小说和忍受"我"粗暴的言行，以及三十

岁以后作者成名，母亲却已不在人世间的三个生活片段。看似平淡的叙述，却让我们感受到母亲对"我"的爱。天下的母亲，史铁生的母亲，她的记年表就是"铁生"岁月的车轮。十岁、二十岁、三十岁……可是母亲的生命却戛然而止，这对于"我"来说是愧疚、是遗恨而无法弥补。

读到这里，我们不难发现，正是因为有前半部分对母亲有关生活片段的追忆，才为后半部分文章主体"合欢树"的出场作好了铺垫，打下了坚实的感情基础，同时也是下文"合欢树"这一意象含义的拓展和升华。

如果仔细推敲词语、段落，我们会发现母亲原本的面貌、性情，到了文本的第2节就全然不见了，我们只看到一个憔悴的、隐忍的、惶恐的、焦虑悲愁得快要疯狂的母亲，但似乎还有年轻时的拗劲。她永远对儿子千依百顺，永远绕着弯儿说话，生怕触及儿子的伤痛，哪怕她自己正在承受着病痛的折磨。这种强烈的对比充分表达出作者深藏的情感：自责、忏悔、痛心疾首、无法自拔……

第二部分（7—12节）作者带着我们穿梭在现实与回忆之中：人们"终于"提到母亲，终于想到那棵树，从那棵"那年，母亲到劳动局去给我找工作，回来时在路边挖了一棵刚出土的'含羞草'"；到那棵没发芽又舍不得扔掉的幼苗；再到那棵"母亲高兴了很多天，以为那是个好兆头"的合欢树！这哪里是对树的描述？这明明是对她深爱的儿子的寄托与期盼！一年一年，树长大了，培育它（他）的人却没了。"物是人非"的哀伤在第8节的插叙中意表出来。

第8节的插叙呼应了2、3节"我"的"有理取闹"。从第8节回到第2、3节，再品读其中的肖像、语言及动作描写：面对突然残疾的打击，母亲和"我"之间的言、行与以前判若两人。比如说，"母亲惊惶了几个月，昼夜守着我，一换药就说：'怎么会烫了呢？我还直留神呀！'"四十多岁的母亲已经全然没了以往的脾性，不停地念叨不就是在告诉读者：因为"我"的残疾和坏脾气让母亲"老了""太苦了"。此时，再将预习材料（《秋天的怀念》《我与地坛》）介入文本阅读，充分理解人物描写的方法和作用。学生顿时领悟并反馈

○ 第一章　七月八月：微小力量，成为蓄势待发的可能

"一心以为自己是世上最不幸的一个，不知道儿子的不幸在母亲那儿总是要加倍的。"（《我与地坛》）

母亲四十九岁，患肝癌，为什么会未老先衰，早早离世？不用问，也不用答。所有的情感都在这"平淡"的记叙中了。可谓"小哀喋喋，大哀漠漠"，简省的文字反而使情感回归本真了。

（二）机智捕捉不闲的"闲笔"

何谓"闲笔"？"闲笔"是指在叙事作品中，切合表达的需要，而有意造成的情节的断续，文笔的婉转纡徐，气氛的调节变换，节奏的张弛间歇的一种叙事手法。

例一：四合院的老人们

（原文）我偶尔摇车到大院儿去坐坐，但不愿意去那个小院儿，推说手摇车进去不方便，院儿里的老太太们还都把我当儿孙看，尤其想到我又没了母亲，但都不说，光扯些闲话，怪我不常去。我坐在院子当中，喝东家的茶，吃西家的瓜。有一年，人们终于又提到母亲："到小院儿去看看吧，你妈种的那棵合欢树今年开花了！"我心里一阵抖，还是推说手摇车进出太不易。……

院儿里的老太太们还是那么欢迎我，东屋倒茶，西屋点烟，送到我跟前。大伙都不知道我获奖的事，也许知道，但不觉得那很重要；还是都问我的腿，问我是否有了正式工作。……

例二：四合院里新生的孩子和树影

（原文）我老记着，那儿还有个刚来世上的孩子，不哭不闹，瞪着眼睛看树影儿，是那棵合欢树的影子吗？……

有一天那个孩子长大了，会想起童年的事，会想起那些晃动的树影，会想起他自己的妈妈，他会跑去看看那棵树。但他不会知道那棵树是谁种的，是怎么种的。……

用这么多笔墨写院子里的老人，是闲笔吗？在文本中，作者不断提到一个"刚出生的孩子望着树影"，是闲笔吗？就像"在我的后园，可以看见墙外有两

株树，一株是枣树，还有一株也是枣树。"这是鲁迅散文中的名句，鲁迅是惜墨如金的作家，他为什么要采取这种复沓的形式来描述呢？再看杨绛先生描写"老王"的"田螺眼"，夏天"老王"为我们送水，"他从没看透我们是好欺负的主顾，他大概压根儿没想到这点。"为何要多费这些笔墨呢？如此举一反三，既能使学生触类旁通，又在行文笔法方面加以点拨，让学生体会文章的余味，几处闲笔其实是一种笔法炉火纯青后的游刃有余，克制与含蓄让人为之动容。潜移默化中，这些文艺评论似的语言也成为学生鉴赏语言的语言库。

通过对字词的剖析和篇章结构的把握，"悲伤也成享受"的感叹让学生初步体悟到另一种人生的况味；领悟"树影儿""小孩儿"在铁生心中别样的滋味——母爱的映射、生命的轮回，这或许就不是简单的标签化理解。史铁生的文字中常有一种神秘感，是不是由于母亲的感召，小男孩儿才会终日凝望着树影，"不哭也不闹"？当年的小男孩，是不是已经长大成名成家了呢？含羞草与合欢树所共有的文化内涵——温柔而不张扬，美丽却不耀眼，是不是正如同母亲的象征？寥寥几百字，便把母亲对自己的爱与作者对自己少不更事的追悔与愧疚淋漓尽致地挥写了出来。让我们闭目沉思，万不可因为现在的不更事而让将来饱尝"子欲养而亲不待"的哀伤。

1997年，我有幸采访了一位民间残疾画家姚宗泽。这位小有名气的画家告诉我，在80年代中期，一位名叫史铁生的人，成为他们这些失意者的精神支柱。然而，又有谁知道史铁生是如何走出困境，或是如何勇敢地走在与命运抗争的路途上的呢？对于他而言，母亲有太多的话没来得及说，又有太多的话仍想倾诉。

（发表于《静安教育》2014.1，略有改动）

4. 多一点、补一些、想一下，从杨绛散文《老王》看"人性美"

学生时代，我便钟爱杨绛先生的怀人散文《老王》，那份知识分子深深的愧怍之情，随着年岁的流逝，我越发能够体会。其实，无论是老王还是杨绛，他们身上所展现出的"人性美"都足以让我们感到"愧怍"。如今，我站在教师这个岗位上已二十余年，无论扮演何种角色，一种危机感常常萦绕在我心头：那就是养尊处优惯了的大都市的孩子们似乎缺失了一种宝贵的东西——那就是基本的同情心和自我反省的勇气。是时候静下心来，学会以平等的态度处人、处事了，是时候静下心来审视自己和这个时代了。

我们都喜欢读怀人散文，而读怀人散文的首要任务便是能设身处地地去感知那个人、那些人，以及他们所处的时代。也就是说你要了解作者和作者写作此文的背景，这里并不是指生搬硬套"知人论世"的方法，而是要练就一种从历史的风尘中揣摩人物的"历史的发展的眼光"。其次，读一篇怀人散文时，我们可以做一些阅读链接的准备或拓展。比如，读《老王》时，不妨同时可以读读杨绛先生的《我们仨》。基于此，我们不禁会思考：为何有着坎坷人生经历的杨绛在1984年又会想起文革期间的那位身边过客"老王"，并对他总有愧怍之感呢？

展开怀人散文《老王》。首先，看看老王是一个有着怎样生存状态的人？梳理文章的1~4节，体会文中诸如"单干户，一只眼""后者该是更深的不幸"等文字的深层含义。整理如下：

老王很不幸 ⎧ 政治边缘人（无组织、无依靠、孤独）
　　　　　 ⎩ 经济拮据（单干、一只眼、恶病……）

老王是"一个忠厚而不幸的底层劳动者"。

其次，读怀人散文时必将看看围绕主要人物发生了几件事？作者究竟通过生活中的哪些小事，为我们刻画了一个怎样的老王形象？

于是，我们很容易地在原有的"课题、作者"下面补充内容，演变为下面这张表格：

几件小事	**老王**（性格特点）	**杨绛**（感情变化）
1.送冰	老实	感谢
2.送医院	善良、古道热肠（"文革"背景）	感激
3.送香油、鸡蛋	渴望朋友	同情、愧怍

第三，我们关注到"老王"和"我"在整个交往过程中"多一点""补一些"的交往情义，深刻感受到"老王"那份木讷背后的善良与质朴的情感需求，同时也体会到了"我"从最初的"同情"到"感谢"，再到"感激"，最终升华为"愧怍"的情感变化。

老王，这位平凡到连名字都没有的"忠厚而不幸的底层劳动者"，总是想给杨绛他们"多一点"：老王给"我们"家送冰，不仅车费减半，送的冰块数量也总是多一点（"他送的冰比他前任送的大一倍，冰价相等"）；在"文革"期间，他不懂得离杨绛他们远一点，因为老王根本不懂得什么是"欺负"，"他大概压根儿没想到这点"，老王送钱先生去医院时，"坚决不肯拿钱"（"他哑着嗓子悄悄问我：'你还有钱吗？'我笑着说有钱，他拿了钱却还不大放心。"）；"可是过些时老王病了，不知什么病，花钱吃了不知什么药，总不见好。开始几个月他还能扶病到我家来，以后只好托他同院的老李来代他传话了。"就这样，有一天老王直僵僵地给"我"送去鸡蛋和香油……这样一个已经很不幸的

第一章 七月八月：微小力量，成为蓄势待发的可能

人却还是如此质朴地关心着"我们"。

在老王与杨绛的交往中，老王体验到了一种从未有过的温暖和亲近：他觉得杨绛将他视为"熟人"，愿意倾听他的"闲话"；杨绛的女儿也曾"给他吃了大瓶的鱼肝油"，使得他的眼病有了好转，这也许无形中与一些传言有了些冲突；在他为杨绛一家付出劳力之后，还总能得到一些金钱的补偿。这样的温暖和亲近，让老王这个"单干户"孤寂的心灵有了一种安慰。也正是这样的温暖与亲近，使得老王在自觉与不自觉中，获得了一种心灵的寄托，甚至是一种交往的期望。

而"我"，作为一个知识分子内心深处所坚守的那份"不多吃多占"的"正直"，使"我"在对人和对事上都秉持着一种原则，即不欠别人的人情。一直以来，在"我"的心目中，老王与"别人"是等同的，甚至更加值得"同情"一些，因为"我"觉得他已经够"不幸"了。因此，自己无论如何也不能占老王的一丁点儿便宜。"我"对老王的付出，也总是有要"补一些"的思想，尽量用金钱给予回报，决不能"多吃多占"：老王给"我"家送冰，尽管老王说"车费减半"，可"我""当然"坚持不减；老王送钱先生去医院，"坚决不肯拿"钱，可"我""定要给钱"；即便是老王在生命行将结束时，给"我"送去鸡蛋和香油，"我"还是"拿钱去侮辱他"。

如此这般，无论是从道德还是人情的角度来看，杨绛对老王的关心与感谢都是无可挑剔的。可是，这位知识分子对自己却如此苛刻——在后来的日子里，她甚至对于老王产生了"愧怍"之情。

"有一天，我在家听到打门，开门看见老王直僵僵地镶嵌在门框里。""他面如死灰，两只眼上都结着一层翳，分不清哪一只瞎，哪一只不瞎。说得可笑些，他简直像棺材里倒出来的，就像我想象里的僵尸、骷髅上绷着一层枯黄的干皮，打上一棍就会散成一堆白骨。"

"我"被老王那骇人的病容"吓糊涂"了，接下来"我""叠好还他"，老王"拿着""攥着""滞笨地转过身子"，"我""忙去给他开了门"，直到听不见他的脚步声，我才回屋，那一刻我才感到抱歉——"没请他坐坐喝口茶

水"……这一切来得太快太突然，结束得也太快太突然……一个僵直的将死之人，一个视"我"为"熟人"的人，被"我"慌张的感谢与"补一些"的行为匆忙送走了……"我"对老王的"谢意"和"不安"油然而生，"因他来表示感谢，我却拿钱去侮辱他？"。

这"愧怍"仅仅是作者自我灵魂的无情审视吗？实际上，《老王》结语中提到的"幸运的人"，原先是"多吃多占的人"。作者之所以作出这样的改动，很可能是因为杨绛所说的"一个幸运的人对一个不幸者的愧怍"的真正原因。孙文辉老师指出：面对每一个不幸的人我们都有愧怍，只是杨绛首先把自己浸入愧怍之海中，用"隐者"的心态去深入思索。能将自己的如此不幸化为幸运的人是慈爱宽容的，而能用一颗温和的心去直面不幸并深感愧怍的人又是冷静高远的。杨绛的愧怍，是知识分子用人类眼光、人类情怀去舔舐我们曾经的创伤，去面对我们苦难后的岁月。这份愧怍，是一个无辜生命体对一切生命欠然状态的全力担荷，也是作者自我灵魂的无情审视，更是替一个未曾充分反省、忏悔的时代树立起人类良知的标杆。

"文革"时期，杨绛他们又何尝是"幸运的人"，但杨先生所展现出的那份"冷静高远"却让我们深感"愧怍"！了不起的杨绛，了不起的时代愧怍。读懂老王这样质朴的人，我们才能体会到人性的纯朴与真挚；读懂杨绛这样温暖的人，我们才能感受到人性的美好与高尚。而真正读懂杨绛"愧怍"的深处——能把自己的如此不幸化为幸运的人，甚至还要愧怍于自己面对不幸时的态度和行为。这种对于自己、对他人、对时代的深刻反省，正是人性之美！

当然，人性中并非只有美的一面。早在先秦时期，就有"性善"与"性恶"之争。"其实，作为'作为社会关系总和'的人，既有可能性善，又有可能性恶。因为人的身上，既有'人性'，又有'兽性'……"① 使用文学这面"镜子"，往往会给我们带来意外的惊喜——照亮社会，看清自己，从而克服人性的弱点，提升自己的素质，获得审美的愉悦，甚至激发我们去创造美！

---

① 李昂. 语文之美：第 2 版 [M]. 长沙：湖南人民出版社，2002：23.

5. 阅读成长记录单

拿起笔来，为你最想纪念的人或事留下一点痕迹……无论是花季还是雨季，无论是告别还是相聚，无论是身边人还是路边客，无论是今朝事还是过往情……

老师也有想念的人：
2019年9月21日，母亲离开我们27年……
《我是谁——怀想廿七年》
我是谁
不是问你
是在问自己
我不是你孝顺的孩子
因为你没给我尽孝的地契

我是谁
不是问你
是在问自己
为何在年少的时候
染上了倔强妒忌的脾气

我是谁

不是问你

是在问自己

为何阳光的晌午

触到潮湿的卫生墙你逃跑的痕迹

为何在葱郁的老榕树下

听到你与阎罗拼命争斗的喘息

我是谁

不是问你

是在问自己

为何在观音下

哭拜着有你才有毅力

我是谁

不是问你

是在问自己

为何在婚礼后

才接过了你临行前的厚礼

我是谁

不是问你

是在问自己

为何在妈妈的角色里

却总也找不到你藏起来的地契

○ 第一章 七月八月：微小力量，成为蓄势待发的可能

2022 年 9 月 21 日，母亲离开我们 30 年……
已愈不惑述衷肠　已过耄耋为念想

这么多年了，每次听到别人叫"妈妈"，我的心头总是微微酸楚，鼻根总是会轻轻抽搐，我还是承受不了没有"妈妈"的日子。而那个痛苦的日子就在我 14 岁半的时候来临了，距今已有整整 30 年。妈妈是上海人，爸爸是武汉人，他们在四川相识，在武汉相守。后来，我在上海作上海人，妈妈却躺在武汉的墓穴里作武汉人。

妈妈是被癌症无情地夺去生命的。临终前，她没有给我们留下一句话，只是把眼睛睁得大大的，消瘦的脸颊再也没有女人的味道，周身找不到一种叫"脂肪"的东西，只有因为肝硬化导致腹水而鼓起的肚子，圆滚滚的、硬邦邦的，高耸着……我不敢多看她一眼，怕看她一眼就透到了骨头里；我不敢多看她一眼，怕她强挤出的，那皮包骨头的笑容，以及那个年代雪白的牙齿所流露出的，令人心酸的母爱！

1992 年 9 月 21 日，我在教室里被人叫出来，被拉进车里，被拖拽到医院，最后被推送到妈妈的病床前。爸爸和姐姐都已经在妈妈的身边，爸爸带着哭腔站在床边，大声地说："汉菲（我的乳名）也到了——都到了——"妈妈，你只是把眼睛睁得大大的，这是有多不舍，因为膝下两姐妹一个才 14 岁，一个刚满 18 岁……原来，这就是"……"，我不敢也不想写下这个词。妈妈，你有太多的委屈，太多的思念，太多的不放心。一阵撕心裂肺的哭喊也没能唤醒你，姐姐用手轻轻地帮你把眼睛闭上，而你居然流下了眼泪，就这样留下了我们。记不得，我们是怎么把你交给了医生，也许你不再需要靠打杜冷丁、吃止痛药来维持些许的安睡。想到这些，我深深地吐了一口气。

我和我的妈妈有着和一般母女不太一样的感情。

我和姐姐似乎天生就不会撒娇，从小就少了少女般的无忧无虑。这是因为我们一个是由奶奶带大的、一个是由外婆带大的，而奶奶和外婆家又经常有姑姑、姑父、表弟、表妹，舅舅、舅妈、小姨、姨父、表兄弟等亲戚来

往。我们总是受宠的,因为我们的父母远在四川的山沟沟里,为祖国的建设奉献着青春;我们又是敏感的,因为我们的身边没有父母的陪伴,细腻脆弱的感情让我们总有些许"寄人篱下"的情愫。因为这个历史原因,从小,我就疏远了我的母亲,母亲也就疏远了我。就这样直到80年代初,我四五岁的时候,父母亲千辛万苦调回武汉,进入中南民族学院工作,我开始读大学子弟幼儿园,我们一家四口才算真正团聚。一个家庭,三种口音——普通话、上海话、武汉话,诠释着那个年代特殊而普遍的家庭关系。我们共同度过了喜怒哀乐的十年,如果早知道我们只有这短短十年相守的缘分,我何不天天依偎在你怀里,尽享那份温暖啊……

  那段最后的日子,你从医院回到了家中。每次放学回来,我总看见你在静静地翻阅过往的信件,一封封地看,一封封地收集起来,带到家属楼前的垃圾箱旁,将它们一封封地烧掉。那熊熊燃烧的火焰中,烧掉的是记忆也是恩怨,谁又知道一个从上海辗转而来的女子内心对于生活的幽怨和牵挂呢?这信里一定有许多不为人知的故事,我见过你在翻阅时露出的笑容,那是年轻时美好的记忆吧。你在上海的弄堂里,你在大学校园里,你在部队的军营中,你在四川的山沟沟里,你在顺江而下的武汉,这么多故事,那些跳跃的火苗似乎要把那一切和你一起抹去。但你为我留下了一封当年小舅舅刚从云南插队落户回上海写给你和爸爸的信,本来这是一封小舅舅向你们求教,让他对生活鼓起勇气的信,可是你在信中却发现小舅舅夸奖我小时候是多么聪明伶俐——"额头高"!你特意把那张纸给我看,让我保留下来。因为你发现上了初中的我学习成绩常常起伏不定,于是你对我说:每当你觉得不自信时就拿出来看看——相信自己是"聪明伶俐"的。作为母亲,你是如此懂得孩子的内心需求,今天想来,我的泪水仍旧夺眶而出……

  那段时间,也许是我们母女之间最不受打扰的交流时光,然而,不会撒娇的我总也学不会轻轻地抱抱你,也不会说些什么安慰的话。对我"生分"的情感表达总有些怨气的你,自然也不会期望我的亲昵。直到我自己也成了母亲,在得不到女儿的亲近和理解时醋意大发,气急败坏地要挤到她的床上和她论

○ 第一章　七月八月：微小力量，成为蓄势待发的可能

理，像个孩子似的要告诉女儿自己为她付出了多少，自己有多爱她，自己有多妒忌她和姨妈（我的姐姐）之间的亲昵……那一刻，我紧紧地抱住我的女儿，委屈得泪流满面。现在想来，我的"生分"把我的母亲伤得有多深啊！天下哪有母亲不爱自己的孩子，哪怕她有很多孩子，何况她并没有很多孩子。那天，你让我帮你擦身，你坐在大立柜镜子前，一点也不避讳我。你的身体很瘦，我一点点地擦着。也记不清我们说了些什么，只记得你说："我看到时候你爸给你们找个后妈，你有的苦了……"那个年代，你的这份担忧自然也是不会跟你的丈夫谈起的，其中的辛酸又有何人知晓呢？你是有多不舍啊。还好，30多年过去了：前几年有奶奶看着，不知父亲有无心思；后几年没人看着，父亲也没有那份心思。至今乃至将来，我们都没有后妈。因为，父亲说过，他的所有只会留给你的两个孩子。

那段时间，也许是我心中最害怕失去你的日子，每当晚上在一旁做作业时，我耳朵里总充斥着大人们小声的议论："看样子是……不行了……穿什么呢？不能穿短裤……要置办……衣服……"我害怕极了，虽然我曾经怨恨你不那么爱我，而更偏爱姐姐；我害怕极了，虽然我曾无所谓你的存在，但是却总也舍不得再见不到你；我害怕极了，在一个家中无人的下午，我哭到蜷缩着身子，跪在地上，向前几年父亲从海南岛带回的一尊海蓝色观世音不停地磕头，我哭得在地上打着滚——只祈求老天爷留住我的母亲，我再也不惹她生气……

晃眼间，我已不惑多年。你若安在，也已至耄耋之年。我想，你在天上看着我们的时候，一定也是泪眼婆娑。

2022年9月于家中

老师也有事要记：

我 的 灯 笼 巷

  冬至，从唐朝开始就是个大节日。那时，它有点像今天的元旦，亲友相聚，政府给老百姓放假。难怪白居易会作有《邯郸冬至夜思家》的诗文，寒夜孤灯下那种对于亲人彻骨的思念居然触及几百年后的人们的内心。于是，又一个冬至即将到来，我真的触"节"生情了——又一次想起了我的灯笼巷。不知我是否还有勇气走近我的灯笼巷。

  离开她已经很久了，或是她离开我已经很久了。回归上海，前往上海，我就像一只蝙蝠，游走在鸟类和哺乳类的夹缝间。

  一、我，来到了巷子

  那是我奶奶的家。我小时候，武汉的老百姓都住在一种叫"巷子"的地方，正如上海人住在"弄堂"里一样。我不是一个好的文化记录者，所以脑海里也只剩下青龙巷、灯笼巷，这两条叫得上名字的巷子。至于为什么叫灯笼巷，我也只能瞎猜猜——也许因为巷子的结构是椭圆如灯笼，也许因为那巷子家家户户经营灯笼生意，也许没有什么也许。我的这点判断力，也只是从北京胡同的命名缘由中以此类推而得来的。毕竟，小时候是万万想不到要刨根问底问巷子名称的缘起的。因为谁知道天天住的巷子，在不远的将来会成为记忆或是文物呢。

  那是我奶奶的家。奶奶生于清朝末年，是民国时期的新学女学生，因为她的父亲是个开明的先生，所以即使是长女的她也不曾裹成小脚。听奶奶说，只要她父亲一回家，她就大喊疼啊疼，扯下那长长的裹脚布扬长而去。就是这么一个烈性子的女子后来成了我爷爷的妻子。我的爷爷更是两袖清风的老一辈桥梁工程师，他生于1907年，他的父亲就是从日本求学回国之后得到了这个——让我们小辈一想起来就温暖的，他的儿子。于是给我爷爷起名，陈瀛归。对于爷爷的记忆，就是他常常靠在床头，老是用白色的胡茬子扎我们这些孙辈，笑容可掬的样子像极了商店里卖的年画老人——让人看上去就没了脾

○ 第一章 七月八月：微小力量，成为蓄势待发的可能

气，当然这种没脾气是既喜欢又敬重！从奶奶说的爷爷的故事里，就能够感受到那股子书香的正气！对于爷爷的记忆就是背着他的儿女偷偷摸出一元大钞，还是圆圆的钢镚儿，让他的孙辈们拿去买冰棍吃，对于5分钱一根冰棍的时代，那是一笔巨款啊！对于爷爷的记忆就是一支装在有机玻璃盒子里，后来又被爸爸妈妈放进五屉柜最上面一格抽屉里的，笔尖是用金子制成的，永生牌钢笔！这是老人家在我很小的时候说，等我长大了就可以用的礼物！爷爷不常在武汉，儿时的记忆里，他总是在山东泰安的山沟沟里帮着作为大学生支内的五姑照看家小，老人总是这样维护孩子们的。

而我的父亲是家中唯一的儿子，上面有三个姐姐，下面有三个妹妹。每每谈起灯笼巷，就少不了武昌，说起武昌，自然要有那笑看风雨，任凭神话、诗文、现代人和古代人粉饰的黄鹤楼！十几岁的他总是拉着几个妹妹去黄鹤楼听戏，我虽不知那时的景象，但想想《茶馆》《社戏》就能猜个八九不离十了。父亲对历史的喜爱和超常的记忆力就是从那些令人神往的说书人那里积淀而来的，最终让这个纯理科的老先生肚子里总有一大堆真真假假的故事，一大串让我记也记不住的名字。后来，他成了新中国六十年代的大学生。好男儿志在四方，为了响应祖国号召，他去过东北，去过四川。终于在上海大学生朋友的撮合下娶到了上海来的大学生——我和姐姐的母亲，一位那么聪明又美丽的上海大学生——心灵手巧的工科女。她带着军帽，圆润而阳光。那时，大学生支援内地建设，他们从祖国的两端去了四川的山沟沟，把我们留在了城里。

于是，灯笼巷里就有了从上海来的襁褓里的姐姐。四年后，姐姐操着一口武汉话被大人"骗"上了开往上海的船。因为我的出生，因为奶奶要带我这个"毛毛头"，姐姐就这样被送上了开往上海的那条船。奶奶在江的这边哭得不成人样，"就两个孙女也不让我带啊……""年纪大了，怕你累着，一边带一个吧。"父亲苦劝着。于是，灯笼巷里又来了个从上海来的襁褓里的我，直到我们一个个从灯笼巷里长大、离开……我和年长我四岁的姐姐从此分隔两地，直到我上幼儿园大班时，一位八九岁的"上海小姐"似的亲姐姐才和我真正住在

了同一屋檐下。

二、奶奶的家

那是我奶奶的家。家里却来往着除去奶奶以外的很多人。爷爷是陈氏家族的二房，大房家的是我的三伯、三伯妈、"聋子"大姑，还有一个当时已经年过半百的老军人——大人们却让我们叫他"建繁"哥哥，那时候我才知道，中国人的辈分学问还真不少！这其中还有奶奶的四妹妹，我们称作"四奶"，一个据说在抗战时期失了或是死了丈夫和一个独生儿子的女人。记忆里，她就是和她的姐姐、姐夫，也就是我的奶奶、爷爷一起生活的，一个曾经想让我养老送终的、苦苦的老妇人。我不想用"苦命"这个词，因为谁又知道这样的日子就一定比那样的日子好还是坏呢？老姐妹俩就在灯笼巷里照顾着姑姑们的孩子们，当然还有我——一个挺难照顾的孩子。老姐妹俩就这样磕磕碰碰地在一起几十年。奶奶曾对她的四妹妹说："我死在你前面你就麻烦了，到时候谁管你哟！你还是回乡下吧，早点回去，你侄儿还能为你养老……不回去的话，那还是你死在我前面，我还能顾着你哟。""你莫为我操心哟，我是要睡棺材的。"这对磕磕碰碰的老姐妹就是这样相互牵挂着，这几句依稀藏在记忆里的对话，一直成为我化解血液里亲情的解药。结果四奶在奶奶家呆了很久；终于她还是回到了她死去的丈夫的侄儿家——一个陌生的、或许还是拮据的，她"最亲"的亲人身边；结果四奶走在了奶奶的后面，听大人们说她如愿睡上了棺材……

关于四奶，我还想说几句。她主要照顾我六姑的女儿——我的表妹。四奶没有什么文化，但据说她的嘴很厉害，可我却因为她在我十岁生日时为我买下那套胸前一条长龙，鲜红的夹克套装而不愿说她半点坏话。因为，那时的我就觉着一个没有收入的、丧夫丧子的、寄居在别人家一辈子的女人，为我这个陈家的宝贝孙女买衣服，这已经让我酸楚了许久。对于曾经答应赡养她的戏言，我甚至有些不知所措。希望那条幽幽长长的灯笼巷能带给她些许的温暖，我想那是一定的。

而我的奶奶也是个能人，老灯笼巷里的人都称她为"张委员"，巷子里的人家若是起了什么纷争，总是忘不了喊"张委员"调解。前面说过，奶奶上过新式学堂，我曾经看过她和几个女学生一起在山坡上，层层叠叠、有站有坐、错落有致的合影。想想我们今天的大合影，还真是佩服她们当年那股自然的洋气呢！她年轻时的故事我倒也没问过，但奶奶聪明能干、识大体肯定是毋庸置疑的。

奶奶最疼我这件事总是我最为得意的记忆。瘦弱且又好黯然神伤、默默流泪的我被大表姐称作"林黛玉"，而我那主心骨似的奶奶就是我们家的"贾母"了。奶奶疼我，就在奶奶的家中。

三、奶奶疼我

我的父母，作为中国 60 年代的大学生，在那个"我是革命一块砖，哪里需要哪里搬"的火热时代中，他们作为稀有的知识分子，毅然选择支援大三线建设，最终在四川省一个叫江油的地方相遇相识。大龄女遇到了同龄男，在那个单纯的年代里，我无法想象他们擦出的是什么样的火花，只知道他们被分隔在两个叫"三分厂""四分厂"的地方，只知道有一天父亲为了去见母亲，在跨越沟壑的时候不慎掉到了沟里，磕破了脾脏，大出血的他险些丢了性命。虽然没了脾脏，他却也是脾气了得。这些干巴的文字记录的只是我所听说的，一张瘦细脸庞上镶嵌着大大的眼睛——5 岁的姐姐依偎在同样瘦细的、憔悴的母亲身边，这照片，使我万万想不明白，一个刚生完老二才一两年的母亲，怎么会瘦成那个样子，四川生活的艰辛可见一斑，六零年代的大学生支援祖国建设的决心也可见一斑。

正因为父母在山沟沟里为祖国作贡献，我打小就依偎在了奶奶身边。于是就有了之前提到的姐姐被送到了上海外婆家的故事，而我被安置在了武汉奶奶家。可谁知道，一晃两年过去，那时 2 岁的我和 1 岁的表妹媛媛比赛走路，结果我竟这么"输"在了起跑线上——走起路来像鸭子一样摇啊摇。奶奶心疼我说，没事，小孩子学样子。

直到我的母亲风尘仆仆地赶来奶奶家，那时已经两岁的我，走路却还摇摇晃晃的。于是我被送到武汉三医院——确诊为小儿先天性双髋关节脱位。手术成功了一半，左腿髋关节处听到了"咔哒"一声，而右边却无效。接下来家人们商量着该把我送往哪里继续治疗。上海是亲家，而且我也是在上海一妇婴出生的，大家当然想到把我送到上海继续就医。可是，从上海传来的消息却是"有困难"。确实是困难，外婆年事已高，加之大姨、小姨家的麻烦事，还有个刚刚从云南知青返城的小舅舅需要照料……而我的母亲、父亲还在四川的山沟沟里为祖国搞建设……这一大家子也确实无暇照顾我这个全国罕有的"患儿"。今天想来，一切都可以释怀，而那时却是两家人心里的疙瘩。最终，我被送往北京——我的清华毕业的三姑姑家，她和三姑父一家子欣然接受了我。望着从脚趾头打到背心的冰冷坚硬的石膏，奶奶的手在颤抖；望着拆完石膏的红通通新长的皮肉，奶奶的心在颤抖……都说人生最好是"先苦后甜"，我希望自己能印证它的正确性。

通过父亲同学的帮忙，我在北京积水潭医院接受了大手术，右腿髋关节处长长的刀疤，成了我小时候隐隐作痛的标记。每当听三姑讲起我动手术的故事，都感到惊心动魄！听说当时这样的手术全国仅六例，而一般家庭也很难觉察这种先天性疾病。更令我后怕的是，听说术后六小时如果不能苏醒的话，就要到另一个世界去啰。听说在手术前，三姑接到我父亲的电报——"全权委托"——她颤抖地在手术通知书上签下了她的名字。直到十岁，每年我都得拍片子复查，那些紧张的检查挤压着我本该活泼的童年；每年，我的父亲都会让我躺在床上，双腿并拢、拉直，比较长短。其中的尴尬，也只有自知。

就这样，我在北京积水潭医院里成了父亲口中乖巧得让人心疼的孩子；就这样，我在北京度过了学习语言的最佳时期；就这样，我依稀记得和我同一病房的小伙伴，我们一起拉着"叫具"，却总也拉不响它。最后，他离世了，我却安然无恙。

四、巷子里的其他事

灯笼巷里"张委员"一家子还有好多人物和故事：上个世纪80年代中期，

○ 第一章　七月八月：微小力量，成为蓄势待发的可能

随着大陆和台湾三通政策的推进，奶奶终于在晚年见到了因为抗战而失散了几十年的亲弟弟，姊妹三人终于在灯笼巷里团聚了。那位身材富态且显得有些臃肿的台湾舅爷爷，操着一口别致的乡音，戴着金戒指，身着当时流行的旧服饰，像布施一样给予大陆的亲人恩泽。那些饰物在当时是多么稀罕！毕竟，那个年代，大陆还是一块相对落后的土地。由于我的父亲是独子，所以我的父亲和母亲各自都得到了一枚大大的金戒指。多年后，我珍藏着舅爷爷给爷爷奶奶的两枚崭新的大金戒指，而我的姐姐则保存着舅爷爷给我父母的另两枚崭新的大金戒指……

还有那位总是辛苦地爬上高高楼梯的马奶奶，一见我和表妹媛媛就笑骂着"个杂种、个杂种"，然而在她的笑骂声中，我总能听出她是多么地疼爱我俩；那位富有时代特征的名字，"跃进"姐姐，一到过年，几家人就在公用厨房里炸"翻身果子"。她的"哑巴"大哥，总能用他的巧手为我们姐妹做个小电风扇、小钳子之类的稀罕玩意儿。当小电扇放上电池转动起来时，我们都被这个"哑巴"哥哥的才华所折服。虽然他一身脏，整天只会"啊啊啊"地瞎比划，虽然他的两个弟弟是那么嫌弃他……还有个叫"德德"的傻子，虽然没听他说过一句完整的话，但他却让我从小就知道了蚂蚁是可以吃的！他总是那么认真地坐在巷子口的水泥台子上，左手拿着茶缸，右手食指时不时地蘸着口水，捕捉那些来往忙碌的蚂蚁吃。大树下的"德德"被我们嘲笑着，也被我记忆着……这个傻子"德德"的故事是六姑父家的亲戚叶叔叔的女儿——红红讲给我听的。红红和我同岁，后来她读了技校，数钱是她的专业，很快就过上了自给自足的生活！还有因为父母长期不在身边而表弟表妹却总有父母在身边而滋生孤独、多心的我，总是被"酸酸"的味道所包裹，而此时奶奶的味道就被我深深地记在了心底。今天看来，我深感经历就是财富，再无抱怨。

灯笼巷里的暑假，是我们这些小姐妹、小兄弟们聚会的好时光！那些年的暑假，我比一般同龄人要幸福得多，总能有机会跑到北京、长沙、泰安、上海

等地,去亲戚家玩上一段时日,也因此颇有见多识广的自豪感!当然,我还曾在武汉那所名牌大学——原华中工学院的家属大院里,在薇姑家度过了一段严格而充实的暑假生活。薇姑和她的丈夫——我的潘姑父,两人都是事业上进、性格要强的人,潘姑父是武汉武昌当地一个大家族的少爷,与我们陈家大小姐薇姑正好般配。据说薇姑师范毕业以后就成了当年颇有名气的地方官,而潘姑父则与现在中国科学院院士杨叔子先生在同一个教研室,一同度过了许多奋斗的日子。只可惜,我的潘姑父中年积劳成疾,中风了。后来,每当上小学的我在华中工学院过暑假时,总见他倔强地、一本本地练着钢笔字,吃饭用的大方桌四面的抽屉里,塞满了他日复一日的坚持。他的字迹从歪扭到工整,他的心情从沮丧到释怀!他的数学应该是极好的,可是当我向他请教暑假作业上的动脑筋题时,他并不会像薇姑那样,让我把吃剩的冰棒棍集合起来拼拼接接,而是笑嘻嘻地翻动着我的暑假作业,指着孔子的一段话,说:"不会就别做了,你看孔子不是说'知之为知之,不知为不知,是知也'吗?哈哈……"虽然题目做没做出来我已经忘记了,但这句话却让我记住了。

有一年,留着一撮小胡须的北京大表哥来到了灯笼巷,他为啥要留小胡须?据这位小时候以"你们武汉'毛'的竖弯勾是朝右边甩的,我们北京'毛'的竖弯勾就是往左边甩的!"为乐的大表哥,在高考那年,将这胡须视作他的解题神器,抚摸着揪一把,难题便能全解出!后来大学毕业,他去了令人羡慕的央视,进了当年红遍大江南北的《东方时空》节目组!又有一年,胖嘟嘟的丁丁表妹(比我小三个星期)从山东回到武汉。那时瘦瘦的我总让姑姑们心疼,而我则总是尴尬地笑笑——没事,我有两个听话的小兵——小我一岁的媛媛表妹和小我一岁半的伢伢表弟。他们俩没少跟我干过"惊天动地"的大事,灯笼巷的角角落落他俩为我跑了个遍,因为腿疾,我的活力也只有请他们二位代劳了。直到今天,回想起那些互相告状、相互抢食的故事,就忍俊不禁。童年的乐趣大概全在这儿了。

灯笼巷里的春节是热闹的。像我们这样的大家族在当时并不少见,少

第一章 七月八月：微小力量，成为蓄势待发的可能

见的是父亲那一代姐妹作为老牌大学生，为响应祖国的号召、追求人生理想，分赴祖国各地；每到逢年过节时为回家而挎着行囊，提着从老乡那兑换到的年货，和回家过年大军一起挤上绿皮火车，一蹲一宿地往家里赶。而家里最小的两个姑姑，因为文化大革命的缘故，下乡后又返了城，最终留在了老母亲身边。这年夜饭的活基本上就是由她们二位陪着两位奶奶一起张罗的……

作为孩子，我们几个小的总也忘不了灯笼巷房间里的两个阁楼。说是阁楼，其实也就是空间高度不过九十公分的通铺。我至今难忘当年前倾着身子，歪坐在痰盂上上厕所的场景，每次盖上痰盂盖子后，还得轻轻地把它往角落里推，生怕晚上睡觉不老实，一脚踢上去闯了祸。晚上睡觉前，大人们会帮我们把木头楼梯架好。我们就穿着睡衣、披着棉袄，在梯子上爬上爬下，有时还会调皮地摇动梯子，吓唬吓唬正在爬梯子的兄弟姐妹，当然，这样做的结果总少不了挨大人们的责骂。灯笼巷的夜晚总是这么热闹的。

爬上阁楼，脱去臃肿的棉衣，将自己捂在被子里，脚下放着一个烫烫的"烫婆子"，暖暖地睡上一觉。突然，房门被打开了，木楼板传来咯吱咯吱、叮叮咚咚的脚步声；屋里的灯被打开，日光灯透过阁楼的帘幕，催醒了我们几个小家伙。耳边传来"奶奶、奶奶、四奶、四奶……呵呵呵……回来了""你们这两个鬼哟……呵呵呵……"。快过年了，在长沙生活的萱姑的女儿带着她的男朋友回来看望奶奶们了。在外地工作的儿女们都赶着夜车，担着年货回来了。那位初到陈家的新女婿金刚哥算是见识了陈家姑娘们的厉害。第二天，他就被我们起了个外号叫"钢筋锅"。第二天，他就不小心吃着我们几个丫头吃剩的杨梅核儿而浑然不知。当真相大白后，大家在欢声笑语中接纳了又一位陈家的新成员。

就这样，从小就敏感，从小就心细，从小就主意多的我，一天天地长大了！这些故事，也许造就了我的少年老成，多愁善感吧。后来，灯笼巷里的姐姐妹妹们都慢慢散去。住房条件好了，该上学的上学去了，老房子该拆迁了，

大家就这么长大了，大家就这么老去了……

       2017年11月26日于沪中行别业家中疾书
       2020年12月5日于沪中高荣小区家中修改

○ 第一章 七月八月：微小力量，成为蓄势待发的可能

1. 敞开心扉，抛砖引玉，让每个读者都去寻找一下往昔的自己，纪念一下该纪念的过去，迎接一下该迎接的未来。

2. 写个小计划，开启假期生活，或是高中乃至未来的生涯……

【感想感言】

第二章

九月十月

预备出发
读人知世照见自己

　　九月十月，开启新的征程，满怀新的希望和期待。在希望的田野上，总渴望看到那些充满希望的眼神，此时，不妨翻阅他人的人生篇章，从人物传记中汲取成长的养料；看看不同行业人的人生轨迹，从人物传记中窥见时代的影子；阅读你喜欢的或是不太熟悉的名人自传、他传，这些或许能充实你对世界的认知！

1. 开学，开学，奈若何？

人总有懈怠的时候，过去了就让它过去，总是纠结于过去也迎不来将来。青年朋友们，换个心态看开学：把每次开学当成一个新的开始，重新整装出发，这是一件我们在当下可以预设的事情。

首先，今天是开学的第一天，你们中的一些同学刚刚进入新的学府，成为这所学校新的生命力，也将为这所学校注入新的活力！三年后，你们会欣喜地发现，这所学校是你们成长的沃土！对于各位学长来说，新的学期意味着新的征程，你们不仅要有新的奋斗目标，而且你们还是学弟学妹们学习的榜样，相信你们一定会做得更好！

其次，我想和你们谈谈在新的学年里可以做些什么。因为我们每个人都是独一无二的，每一个人都是值得骄傲的英雄！事实上，每个人都有自己擅长的领域，发现它并持之以恒地坚持做下去，这将是你成功的基石！也许你擅长口头表达与写作，那么如果你不在语文课、外语课上多加展示，你怎么知道自己不能成为像莫言那样"中国莫言，世界闻名"的作家呢？学好母语足以让你自豪，因为泱泱五千年的历史足以让你立足于世界的任何一个角落！同时，多学一种语言，可以让你拥有走向世界的勇气，多一对观察、审视、理解的触角！也许你有一双发现的眼睛，如果你不在物理、化学或生物实验室中加以实践，你怎么知道自己不具备别具一格的洞察力呢？也许你对某种艺术或是运动充满兴趣，如果你不在绚烂的艺术课堂、体育课堂中加以展现，那么你怎么知道自己原来在色彩、音律、运动或是其他未知的表现形式中如此出色呢？无论你是数学天才还是公益天使，无论你是开朗抑或是内敛，我们每个人都是有用之材！今天我们所学习的知识技能，感悟的情感态度价值观，都将是国家未来竞争力的体现！因此，我们每一位教师、每一位学生都要责无旁贷地好好学习！

第三，尽管我们拥有不同的目标，但具有共同教育理想的学校为大家搭建了成长与发展的平台。在这个广阔的平台上，也并非总是一帆风顺的。每个人在人生旅途中总会遇到各种各样的麻烦与挫折，就像J. K. 罗琳的第一本《哈利·波特》被出版社拒绝了12次那样，挫折在所难免。当遇到挫折时，我们要铭记梁启超勉励其子女的话：一个人什么病都可医，唯有"悲观病"最不可医。因此，不要害怕提问，不要害怕质疑，不要害怕寻求帮助。你身边的师长、朋友以及你自己的勇气和智慧，都可以指引你乐观前行！

最后，我想以坊间流传的"四个美好生活想法"作为此文的结束语，祝愿每一位辛勤耕耘的老师、每一位上下求索的莘莘学子，在一个学期后审视自己时，能够：回头看，得到宝贵经验；向前看，看到无限希望；看周围，发现生活的现实与美好；看内心，找到真正的自我。衷心祝愿你们生活愉快、学习进步！

2. 读读人物传记，聊聊"记住别人"

今天，在大家极其关注自己的时候，我想跟大家聊聊"别人"——"记住别人"这个话题。也许，这也是一个鼓励高中生读读人物传记的理由。

想把时间拉回到 2016 年。说起 2016 年的符号——当然，对于中国人来说，有"建党 95 周年""红军长征胜利 80 周年"和"南京大屠杀死难者国家公祭日"……

1921 年 7 月 23 日，那些将要见证、记录并创造历史的人，代表着全国五十多名党员，召开了将要震撼世界的会议——中国共产党第一次全国代表大会。这次会议，庄严宣告了中国共产党的正式成立。共产国际代表马林和尼科尔斯基列席了会议，共同见证这一历史性时刻。

1936 年 10 月，红军三个方面军在会宁胜利会师。这支队伍创造了人类历史上的伟大奇迹：他们途经 11 个省，翻越 18 座大山，跨过 24 条大河……他们走过荒无人烟的草地，展现了无与伦比的毅力与决心。陆定一同志写的《金色的鱼钩》让我们对老班长的自我牺牲精神肃然起敬；他们翻过连绵起伏的雪山、征服险山恶水，毛泽东同志的一首《七律 长征》，则让我们为先辈的大无畏精神所折服。红军长征历经行程二万五千里，世代传唱！时代回响！

在纪念南京大屠杀遇难同胞时，我的一位好同事——一名语文老师，通过微信让我记住了一个人——张纯如女士，1968 年出生在美国的华裔——她让西方世界知道了南京大屠杀的真相。她原本在 17 岁考入伊利诺伊大学攻读数学和计算机双学位，如果顺着这条路走下去，她本可以和她的父母一样成为一名科学家。然而,在第二年,她忽然转到新闻系,后来又攻读了文学博士学位。她才华横溢,手中有写不完的题材,版税所得颇为丰厚,在美国加州圣巴巴拉有着幸福的家庭生活……但是,1994年,加州的一场展览彻底改变了她的人生轨迹。在那之前,无论是美国还是欧洲——都没有人用英文撰写过一本关于南京大屠杀暴行的纪实著作!"这笔历史的陈账要由我来算清。"张纯如如是说。作为一名华人,她深感责任重大。她不允许西方世界只知道犹太人的哀伤,她要让西方世界知道南京大屠杀的真相,并且努力为中国人疗伤!

我们记住了,一个人的存在不单单是为了自己蜗牛式的幸福。你可以为你的家人手足,你可以为这个国家,你可以为这个时代,你也可以为这个世界做点什么!你们这一生应该,也可以成就更多的伟业!所以,我们应该铭记那些撑起我们一生的人物,读读他们的过往,看看我们的今朝……

当然,仰望星空的记忆是高大上的!貌似离有些同学还很遥远,但如果我们能够学会记住身边点滴的美好,那或许就能够接地气了吧。学会记住身边的"别人",才能助力你仰望星空时追求高大上的理想!

对于学生们来说,每天接触最多的、接触时间较长的总归是我们这些老师!这些年来,"忠诚事业、爱生乐教"的誓言让我们这些老师在教育路上不敢懈怠。弘扬正气,传道授业的榜样就是我的同行——你们的老师。无论是群体还是个人,每一次的师生交往都是正能量的再现,都是我们对你们的呵护与期望!

这些年,为了让你们能够全面发展、个性拓展,老师们挑灯夜战、积极策划。你们时而铿锵时而悠扬的歌声;你们在操场上挥汗如雨、振奋人心的呼喊;你们的作品被老师精心贴在墙上、压在桌板里静静绽放;你们在走道里,老师对你轻声问候;抑或是某天你又忘记了作业,老师那恨铁不成钢的批评……这些都是你成长路上的珍贵回忆。你们要记住这些陪伴你们成长的幕后英雄,他们的付出和关爱是你们能够茁壮成长的重要支撑。当然,还有你们的家人、朋友以及身边的一花一木,都在默默地陪伴着你们,共同见证着你们的成长和进步。

如果你暂时无力去阅读大部头的人物传记,那就请你试着记住别人对你的每一分付出,记住身边的美好,记住这个世界还有许多"伟大的存在"。一旦有了要记住别人的理由,那你就能够从观察生活、感谢生活,进而关注历史、感谢历史入手,在茫茫人海中汲取新的力量,不断前行!

3. 浅谈品读人物传记与语文学习
——以《胡风自传》为例

人们常说，语文学习是一个漫长的过程。当问及学习方法时，多半得到的回答是：多读书！广泛涉猎与语文学习的关系甚为密切，这一点不容置疑。那么，读哪类书可以更好地促进语文学习呢？这当然是一个仁者见仁、智者见智的问题。我就谈谈品读人物传记与语文学习的关系吧。

从立传人物的身份来看，人物传记分为自传、他传和评传。

信手拈来：《胡风自传》是名人自传丛书中的一册，于 1996 年 6 月由江苏文艺出版社第 1 版第 1 次印刷。因为我的大学毕业论文是关于"研究语言暴力"的课题，所以若干年后，当看到关于某些特定时期的人物传记时，也就顺手买下了。因为那些经历重大历史变迁，见证了时代且在其中扮演一定角色的人物——他们的传记，本身就是时代的一部简史。选择这类人物传记阅读，自然可以更好地由人及史，由史及文，再由文及人……如此循环往复地思考，对于学好语文也许是一条"捷径"。

那么这到底是一条什么"捷径"呢？

一、梳理文章脉络，
##　　 把握整体结构，提升语言建构与运用能力

这是一本由胡风本人在刚恢复"自由"后所写的《我的小传》作为《代自

序》；结集了梅志的《附录：胡风沉冤录》；1996 年由晓风所写的后记；中间则是以胡风及其家人、朋友，个人及国家事业，政党及国家历史为内容组成的《自传》主体。从 1902 年他出生到 1954 年的那篇《关于几年来文艺实践状况的报告》（即"三十万言书"）为止。

1955 年 5 月全国开展了运动，直到 1980 年 9 月该案才正式平反。当他重新回到国家的政治生活和文艺生活中后，开始回忆史实并总结自己的文学生涯，直至 1985 年 6 月病逝。《胡风自传》选取了作者 20 世纪三四十年代的文章，以及后来《胡风回忆录》中的文章和"三十万言书"中的第一部分，补充了 1949～1954 年的情况，这些合起来成就了《胡风自传》。1986 年，他获得了第二次平反；1988 年 6 月，中央为他彻底平反。因为信任而坚守，因为信念而坚持，大家在反思中愈发成熟！

整本书以作者的行踪、思想发展及抗战期间他创办的杂志在进步青年中的积极影响等为线索，通过各种人物、事件、期刊以及各种轰炸、逃难、抗争、观点等多方面的描写，生动展现了他前面短短 50 余年的奔波历程：从湖北蕲春、武汉（武昌）、南京、北京，远赴东京，再到上海、武汉、重庆、香港，继而转战东江、桂林，最后重返重庆、上海。通过这样细致的梳理，从时间轴和位移轴的角度，可以引发学生对于那一代人的思想、行为的深入思考，从而逐渐明晰文学与人学的内在联系。

自传的时间脉络就是一种历史的拉伸，梳理文章或文章之间的脉络，这对我们提升语言文字的基本功是有极大帮助的。整理篇章的核心，这本身就是一种"主动的积累、梳理和整合"，在分辨不同年代的语言变化中，我们可以"逐步掌握祖国语言文字特点及其运用规律"（《普通高中语文课程标准（2017 年版，中华人民共和国教育部制定）》），最终提升学生对语言文字的敏感度和个体交流沟通能力。

二、单篇多篇佐证，
合理分析运用，提升文化审美与思辨能力

自传类书籍除了让我们利用语言文字去读懂这个人和他（她）所处的历史时空外，还可以怎么读？我认为可以引领学生将作品与作品相互勾连，丰富史实材料、事实材料，从而充盈学生的认知、理解和思考。

还是以《胡风自传》为例，联合多篇阅读，我们可以发现胡风对鲁迅的追随与敬仰。在1936年前的故事中，这些阅读素材为我们提供了研究鲁迅思想、左翼文联发展以及党的抗日决心与实践等的宝贵机会。通过深入研读，文学、文艺、党史研究得以一并呈现。在诸多交织的历史事件中，也让我们得以一窥鲁迅的诸多笔力。如他在《答杨邨人先生公开信的公开信》中所展现的坚定与智慧，让我们深切体会到他"弃医从文"的勇气与责任。这种体会并非仅仅源于鲁迅到日本学医时的一部影片所带来的刺痛那么直截了当。

从《胡风自传》来看，鲁迅的逝世让胡风、萧军、萧红诸人深感伤感，回想胡风与"神秘人物"共产党人冯雪峰的交往日益密切，萧红的《回忆鲁迅先生》一文可以为此提供佐证。《胡风自传》中的单篇是可以与其他各种文章交织，打通历史的记忆，使学生突破课本所学，习得更加生动且又有依据的史实与事实，对于提升分析鉴赏、思辨反思的能力，自然有着推波助澜的作用。

当然，胡风在抗战期间辗转周旋，可见党的文艺路线对抗战的影响，这不正体现了文艺理论与文艺实践的时代意义吗？这确是一个值得追寻研究的问题，可以留待高中生们到大学去深入探究。同时，这也可以使学生更加明晰：要深刻理解革命文学的深远影响，就一定要建立在深刻了解中国历史与党史的基础之上。在部编教材中的革命文学赏析部分，这无疑是一种对单元教学读物的有效补充和阅读方法的丰富。通过文化审美鉴赏和创造，这种"你中有我，我中有你"的佐证式审美体验、评价判断等活动，无疑是提升审美能力与思辨能力的一种有效途径。

三、一叶知秋点睛笔，助推思维发展，提升文化传承与理解能力

人物传记是真实性与形象化相结合的叙事性文体。阅读人物传记，就如同聆听一个在历史中占据重要地位的个人所发出的解释世界的声音。这种认识世界的方式，正好和我们每个人认识世界的基本方法相契合。一个身处历史洪流中的人物，他（她）的存在就像一叶知秋，给人以遐想和启发。读懂一个时代中的人物，能够有力地推动直觉思维、形象思维、逻辑思维、辩证思维乃至创造思维的发展。

作为一个被历史记住的个人，他（她）无论是顺应还是叛逆，都成为一种深刻的符号。在阅读其传记的过程中，由于对历史认知的不足，就会倒逼学生积极调动各种思维方式，努力收集佐证材料，以加深对文化的理解和对历史的勾连。通过这种方式，学生能够逐渐形成传承文化的自觉行为。

"胡风"本就是个带有历史符号的人物，他的自传也就夹杂着作者自己的评述，字里行间都透露着他对于时空的独特理解。学生在进行语文阅读的过程中，实际上也就将"文史哲不分家"的阅读方法运用其中。他们通过一段历史和一些人物，去探究一段历史文化的内涵，历练自己对于历史文化的辩证认知和真实传承与理解。这样的阅读过程，不仅有助于丰富人类文化长河，更能够培养学生的深度思考和判断能力。

其实，学习哪有"捷径"，无非是读书是否"用心"罢了。阅读人物传记有助于学生了解主人翁的思想变化及其与历史的紧密联系。无论是文学、哲学还是艺术等领域的名人传记，都能让学生结合名人的具体经历，更深入地理解他们的创作风格或思想认识，从而帮助学生更好地理解作品。而阅读天文、理工学科名人的传记，对于理解其科学成就不仅有所帮助，更重要的是让学生体

会到科学巨匠的科学精神以及人类科学发展的艰辛……

　　故而，无论是何种人物的人物传记，其阅读都能延展学生对语言文字的兴趣，提升他们的思维水平。基于此，我们何不尝试结合学生课内所学的文本，每学期推荐一两本人物传记供学生们阅读、思考、讨论呢？让他们主动尝试寻找佐证材料，画出课内外所学文章之间联系的思维导图，开展一次深入的"人文"对话。这样的学习过程，无疑将是语文学习过程中的一次不凡的旅行……

（《浅谈品读人物传记与语文学习的关系》，发表于
《基础教育论坛》，2020 年 8 月，总第 349 期）

4. 读历史风云人物 悟当今变幻事物

——以李思平编著《大清十二帝》为例

图书馆角落里的一本不起眼的书——《大清十二帝》，由李思平编著，由北京出版社/北京出版集团出版。它长时间无人问津。看看这装帧，颇有些历史感，于是拿在手中翻阅……有时候，一本书不被人关注，可能并不是它没有价值，而是它的价值还没被发现……每每教授一些文章时，我总会情不自禁地对学生说："要习得经典作品，就需要我们有文史哲不分家的涉猎和思考方法！"这也是我从我的老师那里传承的学习心得。这也是我乐于读点史书的初衷。

阅读历史，特别是历史人物传记，是一种"以点带面"的阅读方法。读历史人物合集则是"以多点带多面"，其中蕴含着交叉重叠、传承发展的乐趣，就像马克思所说："人是社会关系的总和。"当我们了解一个历史人物时，自然要涉及他所处的那个时代及其社会关系。因此，一本历史人物合集也许能帮助你厘清一点历史知识。而一个帝国的帝王更是一张庞杂社会关系网的中心点，也是一部复杂的人类文明发展史。阅读完这样的合集后，"一叶知秋"

的妙处便不言而喻了。如今，当你的大脑被"清宫剧""戏说剧"弄得晕头转向时，看看这本集成也许能为我们提供些观剧发言权，说不定还能从剧中找出几个历史"bug"以作谈资。

由这一个"点"会引出 N 条射线，射线的多少自然与你的阅读积累有关。就从帝王拥有的疆土来说，乾隆中叶至道光初期是清朝疆域极盛时期，面积可达 1 350 万平方公里。道光中后期以后（19 世纪中叶），外来帝国主义势力入侵，随之疆土日蹙，这也就成了近代中国疆域变迁的一大特点。而 19 世纪的世界悄然发生了具有扩张性的变化……这本书提到的后六位帝王可谓逐渐开始认识一个"开放"的世界，固步自封的结果我们今人是知道了，但是他们无从知晓。

《大清十二帝》，历史功过、为人处世任凭后人评说。十二个帝王，我依次替你数来，也不枉费我穿越之苦——努尔哈赤、皇太极、顺治、康熙、雍正、乾隆、嘉庆、道光、咸丰、同治、光绪、宣统。每个皇帝的年号都暗含了美好的希冀，有的发扬光大，有的则物极必反。历史总是以"抛物线"的形式传递着帝国的兴衰，而我们这些读者有时会被些许相似的"抛物线""一叶障目"。因此，看历史人物就必定要有一定的"哲学"知识作为基础。将来我们会再寻觅些哲学书籍来充盈一下自己，带着哲学的眼光从历史人物的兴衰中，看当今社会的发展轨迹，以免重蹈覆辙。

话说回来，当帝王不容易。就拿清朝入关后的第一位皇帝——顺治帝福临来说，追黜多尔衮就是当代清宫剧中常常借以发挥的素材。因为是第一人，所以他世称"清世祖"，而他的爷爷、爸爸也只是被称为"天命汗"、"清太宗"，所以可见"入关"的历史意义非同一般，其中汉人明朝的抗争可以想见。再说康熙扳倒鳌拜，雍正审理年羹尧，权臣与帝王之争让人不寒而栗。直到"康乾盛世"的乾隆帝自号"十全武功"之时，因为"好大喜功"（虽然他有资本，整肃贪官、扩疆域、修《四库》……），不能在繁盛时期保持谨慎，所以一个偌大的帝国就开始走向灭亡了，这也就应了"打江山容易，守江山难"的俗语。276年的"大清"在"宣统"时结束，期间也逆历史潮流地复辟了两次，溥仪也傀儡般地进行了两次登基，电影《末代皇帝》的放映和连环画《我的前半生》（溥仪著）在我的记忆中留下了不浅的印记。

　　一个离我们今天最近的王朝，古往今来后人的评说实在有趣。此书并非呈现冰冷的历史面孔，也没有戏说的东扯西拉，其中故事跌宕起伏，数据实证不乏佐证。它仿佛是一张树形结构图，帮助我们梳理明白清朝历史！这个朝代的时长相当于某些国家的整个历史时长，然而，这并不能让我们自傲。因为大国的荣耀，还是要从认清自己开始的。

5. 阅读成长记录单

1. 当你翻看整本书的目录时，你会发现一个阅读秘密——是的，根据章节要求来制定你的"双月"阅读计划吧……给自己做个阅读书目一览表，不仅能充实你的业余时间，还能补充你的课外阅读。无论是文科还是理科，坚持下去就一定会有收获！

2. 读一部人物传记，尝试和大师、先贤对话……

尝试着选取传记中一个你感兴趣的话题或是一个章节的内容，做一张你的认知思维导图、抑或手绘一幅"时局图"……而后，你会发现你又增长了不少的知识。

○ 第二章　九月十月：预备出发，读人知世照见自己

第三章

十一月十二月

金秋静冬 不容错过的杂文蕴藉时光

"当代教育家传媒"公众号有一文指出:"抑郁焦虑也好,内驱力的丧失也好,它们的配方正是这两个原料:第一,无处排遣的慢性压力(脑科学研究表明此种压力对海马体的伤害类似严重撞击后的伤害);第二,掌控感的失去。"所以,成年人和孩子沟通时,要能够激发他们的学习兴趣,让孩子们在学习中感受到自我提升的自信感和自主获得的满足感。无论结果如何,都是孩子愉悦成长的一部分。

在一个可以蕴藉的时光里,读点深沉费神的东西是必要的。尤其在高中阶段,孩子们需要学会客观思辨,具备针砭时弊的思维能力,鲁迅杂文无疑是一份很好的养料,我们只要给予孩子们可以成长的土壤,就可以等待他们抽枝发芽……

1. 选择"成长型思维"

曾几何时,"撸起袖子加油干"成了我们的网络热语。在安逸的当今社会,"加油干"成了推动国家、集体、个体的励志名言。那么,怎样才能更好地"撸起袖子加油干"呢?我认为思想意识是决定行为质量的,那么就需要我们改善自己的思维方式。行动要"成长",思维自然更要"成长"——向"成长型思维"靠近!因为大多数情况下,你的思维方式决定了你的做事风格与效果。

2017年,全球奖金最高的教育奖项"一丹奖"公布了首届获奖名单,斯坦福大学的罗尔·德韦克教授荣获教育研究奖。她的最新研究提出了人的思维方式分为两种:一种是成长型思维,另一种是固定型思维。拥有成长型思维的人乐于接受挑战,并积极扩展自己的能力,而这也是未来发展最需要具备的能力。

对于老师和家长来说,要懂得怎样培养学生(孩子)的成长型思维,那就是学会机智地鼓励。一个智慧的教师,鼓励的是过程而非结果,比如我们会关注你们的努力、专注、坚持、创意、策略等。你们的老师常会对你们说:你很努力;尽管很难,但你一直没有放弃;你在某些方面进步了;这个方法很有新意;你和伙伴们合作很有成果;我相信你,因为你很讲信用,等等。作为教育工作者,我们总是这样激发你们的潜能,引领你们的成长。

而作为学生,你们就是要努力建构自己的"成长型思维"。那么如何建构呢?最近,在央视新闻网上,我看到了一个温馨的画面,一个小男孩和一位中年医生面对面互相行鞠躬礼。这位 3 岁的男孩因为高烧而四肢抽搐,牙关紧闭,而杨医生在抢救他的过程中,手指被他咬得发麻。当孩子得知是杨医生治好了他的病时,便出现了前面这感人的画面。我们要时刻注意让自己的行为符合社会规范,不要因为自己还是个未成年人就忽视这一点。因为有些行为,最不该被原谅的就是以"因为你还是个孩子"为借口。因此,第一就是要时刻记得"展示"你的善良和教养。第二,要兴高采烈地迎接挑战,拥抱变化。我国著名的地球物理学家黄大年曾经说过一句话:"我没有敌人,也没有朋友,只有国家利益。"为了让中华民族屹立于世界之林,他总是兴高采烈地迎接挑战,拥抱未知的变化。同样,被称作"中科院最美的玫瑰""中国应用语言学之母"的李佩先生,她在 70 岁时学电脑,80 岁还给博士生上课,甚至在近 90 岁时,她还开设了 600 多场比"百家讲坛"还早、规格还高的"中关村大讲坛"……

  当然,最后,我们需要有"把每次失败都当成一次新的学习起点"的勇气。这是你逐步成熟的标志,也是你获得进步的可能。

  这一生,我们无论是在学习还是在生活交往中,都会取得进步。唯一不同的是,每一个人进步的多少和快慢会有所不同。所以,请努力为拥有"成长型思维"做好准备,不断提升自己的教养;兴高采烈地迎接挑战,拥抱变化;把每次失败都当成一次新的学习起点,因为能起步,就意味着能成长……

2. 人生可以不设限

在我步入中年的时刻，从事教育工作已逾二十载，似乎迎来了一个名为"职业瓶颈期"的阶段。一切看似可以按部就班，一切又是那么的波澜不惊。然而就在这样的时刻，一位老年人和一位中老年人走进了我的视线。在即将"冷下来"的日子里，我给自己添了把"柴"，因为这两个人，让我重拾"人生可以不设限"的信念。我再次将目光投向了他们——

他，黄永玉，生于1924年8月9日，2023年6月13日去世。12岁就外出流浪，四处谋生。14岁便开始发表个人作品。32岁时轰动中国，50多岁时跑去考驾照。偏爱红装的他，90多岁依旧活得潇洒拉风，开着法拉利四处游览。

正如这世上没有两片完全相同的叶子，每个人也都是独一无二的。所以你们可以拥有不一样，但同样精彩的人生。就像我曾经听过的力克·胡哲的演讲，以及我在学校某班级图书角里看到的一位同学推荐的力克·胡哲所写的《人生不设限》。人生，确实可以不设限……

于是，我看到94岁的黄永玉，上台给单霁翔颁奖。

来之前，他特意挥毫泼墨，写了一幅字，赠予这位比自己年轻整整30岁的故宫博物院院长。

"故宫很具体，走遍9 000多座房屋，1 200多座建筑，每天沿着宫墙走一圈，踩破20双布鞋。"这是"影响中国"2018年度人物荣誉盛典上发生的一幕，故宫博物院院长单霁翔获得了年度文化人物称号。尽管每年都会有新人获得年度文化人物大奖，可是我们依然不能忘记那些保护、传承文化的人，因为他从来就不应该过时。更何况单霁翔的到来给古老的故宫博物院注入了"一切皆有可能"的活力，让古老的文物焕发出新的光彩，成为2019年的网红！单霁翔院长曾表示，"2020年是故宫的600岁生日，我们终于把完整的故宫交给下一个600年。"承载着国家记忆的故宫，不仅持续彰显着中华文化的深厚底蕴，也将在传统文化与科学技术的融合中，带给人们更多关于未来的美好想象。

这就是人生不设限的绝好例子。"清华大学建筑学院城市规划专业研究生、工学博士、博士生导师、高级建筑师、注册城市规划师"，这是单霁翔的专业背景名片。"曾任中华人民共和国文化和旅游部党组成员（副部长级）、故宫博物院院长"，这是单霁翔成为妇孺皆知的"看门人"的标识。一位工科学者，竟然成了泱泱大国的文史捍卫者，我只想感慨"人生不设限"。可是，究竟是什么让那些总是横亘在我们身边的"限制"，在他们身边却统统消失了呢？

我们不得不去了解一下董卿口中形容的"终日奔波苦，一刻不得闲"的院长。

首先，我想请同学们、老师们关注当下所倡议的"创新"——它一定是由深入人心的文化积淀所激发出的创意改革。学习变革亦是如此。

故宫藏品丰富，但"90%的藏品都沉睡在库房里，鲜有人见"；故宫的观众虽多，但80%的观众进了故宫后，只是参观皇帝上朝、睡觉、结婚的地方。文物就这样封尘在历史的故纸堆里，失去了她应有的光芒。然而，2019年春节期间的"贺岁迎祥——紫禁城里过大年"故宫开年大展和第二年——故宫迎来六百周年华诞的庆典活动中，故宫博物院推出了众多优质展览。这些展览从历史遗存、书画器物、宫廷文化、文人雅士、节庆风俗、世界文明、考古发现等方方面面，展现了600岁的紫禁城和95岁的故宫博物院所蕴蓄的深沉魅力。正是在这些被盘活的历史基础上，才可能让雍正萌萌哒表情包、"朕本布衣"帆布袋、"奉旨旅行"行李牌、"朕就是这样的汉子"折扇等文创产品推开那扇曾经严肃的紫禁城大门，成了备受关注、深受年轻人喜爱的超级网红。单霁翔笑言："正是因为我们坚持让文物活起来……把保护文物的权力交给亿万民众，文物才能被保护好。"

所以，要想人生不设限，首先你就要有突破局限的文化积淀，对此，你们没有捷径可走。

其次，从解决真问题出发，最终"解决真问题"才是打破"设限"的突破口。

几年前，故宫里专供游客休息的座椅不足，游客们只能坐在石头上、屋檐下或御花园的栏杆上。单霁翔一看便急了：难道就不能让大家有尊严地休息吗？于是他决定增设休息座椅，这些座椅不仅要结实、要坐着舒服，还要跟周围环境协调，同时椅子底下也要便于清扫……

面对这一箩筐要求，最后大家在端门广场迅速安置了200把椅子和56组树凳。当员工不无得意地告诉单霁翔："现在有11 000名观众可以'坐下'了"。他却一针见血地说："这个数字是假的。""你们去看吧，夏天太阳直射的地方没人坐，冬天没有太阳的地方人们不爱坐。"几句话道出了一个人思考问题的角度和立场。同样，单霁翔注意到女士上洗手间经常要排很长的队，面对这个各大景点都存在的现象，这个大家早已怨声载道却也早已习以为常的现实，他却和故宫的工作团队进行了研究，得出了一个结论：女士的洗手间数量应该是男士洗手间数量的2.6倍。有尊严的游览故宫就这样被一点点地被实现了。故宫博物院因此又红了，自然也更生机勃勃！

单霁翔之所以能让自己的人生和文物一起释放最大的价值，正是因为他拥有独特的百姓视角，能够从真问题出发，解决真问题！而你们的各种学习也因如此。

也许这席话对于年轻的同学们来说显得早了些，但我希望听得懂的同学能尽快行动起来，为不设限的人生做些积淀与准备；对于尚未能完全理解的小同学，就当陈老师向你们介绍了两位不一般的人，向你们推荐了假期可以去参观的好去处，这都是对你们有帮助的！无论你我身处什么年龄段，拥有怎样的心智和现状，我们都可以怀揣憧憬与希望，慢慢开启不设限的人生之旅！

　　这深厚的文化积淀和解决真问题的针砭视角倒是让我想起了鲁迅……

3. 又念鲁迅，纪念五四运动 100 周年

在这个特殊的场合，这个特殊的纪念时刻，我以一位入党 20 年的党员教师身份，极为郑重地称呼大家——团员青年们，今天，我们面对团旗，回想先烈，缅怀新文化运动的旗手鲁迅先生，这都是源于我们对五四精神的追忆和传承！

五四运动的导火索是巴黎和会上中国作为第一次世界大战战胜国却外交失败。当失败的消息传到国内，激起了各界人士的强烈愤慨。1919 年 5 月 4 日下午 2 点，北京 3 000 余名学生冲破警队，一场震惊中外的反帝爱国运动随之爆发。随之而来的罢工、罢市等爱国主义运动蓬勃开展……追根溯源，最初的原动力就在于这群青年——青年担负起了振兴民族的重任；之后五四运动的性质发生了重大变化，中心由北京转移到了上海，主力也由学生转变为工人。中国工人阶级以独立的姿态登上政治舞台，五四运动为中国共产党的建立奠定了阶级基础。

2019 年，正值五四运动 100 周年之际，我想我们青年应该思考，如何学习百年前的青年，怀揣为民族振兴而奋斗的理想！

五四时期的青年为国家领土和主权的完整而振臂高呼，而我们今天的青年则应当为了民族的振兴而努力作为！大家在初中时都曾学习、背诵过范仲淹的《岳阳楼记》，其中"先天下之忧而忧，后天下之乐而乐"的语句，除了朗朗上口的语言之美，更多的是它应该成为我们青年的处世理想！读书修身并非仅仅为了个人的权益，若仅止于此，我们的视野与蚍蜉草芥又有何异？《礼记·大

学》中概括了中国人对于个人与周遭关系的主张:"正心、修身、齐家、治国、平天下",这正是一个青年应该拥有的胸襟和志气!再如,2019年3月22日,习总书记在会见意大利众议长菲科时讲到"我将无我,不负人民。我愿意做到一个'无我'的状态,为中国的发展奉献自己。"他的话语不正是向我们传达了个人对于社会应该承担的责任吗?怀揣为民族振兴而奋斗的理想,放下小我,我们才能书写出一个立体的、大写的"人"字!

2019年,正值五四运动100周年之际,我想我们青年应该思考,如何传承百年前的青年精神:坚守为人类共同进步的共产主义信念。

1915年,年轻的陈独秀在上海创办《新青年》,标志着新文化运动的兴起。他发表了具有发刊词性质的《敬告青年》一文,热情号召青年要勇于探索和创新。新文化运动是一场新旧思想文化的较量,这场思想的斗争在社会上掀起了一股思想解放的潮流,为马克思列宁主义在中国的传播创造了有利条件,也为五四运动的爆发奠定了思想基础。五四运动无疑是中国近代史上划时代的里程碑,它以辛亥革命所不曾有过的姿态,展现了彻底地反帝反封建的决心,同时也为中国共产党的建立作了思想上和干部上的准备。今天的青年应当树立更加高远的共产主义信念,不断提升自己的科学文化水平、思想道德觉悟,时刻做好全心全意为人民服务的准备!

而我们这些老师也将铭记鲁迅先生于1924年在北京师范大学附属中学校友会上的演讲《未有天才之前》中的教诲,努力让自己成为天才成长的沃土,让文艺创作、社会发展不再空喊"缺乏天才"的口号,让我们实实在在地变成你们肥沃的土壤!为培养你们成为祖国事业的优秀接班人而努力!

4. 回忆鲁迅先生

——读萧红《回忆鲁迅先生》的一点想法

提起鲁迅,总会想起很多词语:深邃、沉重、严厉、倔强、勇毅、果敢……浓黑的一字须,根根向上的头发,吸着烟斗、面目严肃冷峻,这是鲁迅通常留给我们的印象。因为他不断地告诉我们:当时中国的国民性,是失去了"兽性"的,是失去了反抗一切压迫、反抗一切虚伪勇气的奴隶性格!所以我们的第一要务,就是改变国民的精神!因此他似乎"对一切人都怀有忧虑和敌意",但实际上,伟人也和普通人一样,拥有喜怒哀乐。他的生活同样也折射出他的不凡品质,而且一一对应!

作为著名文学家、思想家、民主战士,五四新文化运动的重要参与者,中国现代文学的奠基人,鲁迅受到了各界的高度评价。各位"大家"是这样评价他的:

毛泽东:鲁迅是中国文化革命的主将,他不仅是伟大的文学家,更是伟大的思想家和革命家。鲁迅的骨头是最硬的,他没有丝毫的奴颜和媚骨,这是殖民地半殖民地人民最宝贵的性格。在文化战线上,鲁迅代表着全民族的大多数,他是向着敌人冲锋陷阵的最正确、最勇敢、最坚决、最忠实、最热忱的空前的民族英雄。鲁迅的方向,就是中华民族新文化的方向,就是新生命的方向。

叶圣陶:与其说鲁迅先生的精神不死,不如说鲁迅先生的精神正在发芽滋长,播散到大众的心里。

郑振铎:鲁迅先生的死,不仅是中国失去了一个青年的最勇敢的领导者,也是我们失去了一个最真挚、最热忱的朋友。

郭沫若：鲁迅先生无意做诗人，然偶有所做，每臻绝唱。

老舍：看看鲁迅全集的目录，大概就没人敢说这不是个渊博的人。可是"渊博"二字还不是对鲁迅先生的恰好赞同。

鲁迅逝世时，郁达夫在《怀鲁迅》一文中写下这样的话：没有伟大的人物出现的民族，是世界上最可怜的生物之群；虽有了伟大人物，而不知拥护、爱戴、崇拜的国家，是没有希望的奴隶之邦。

臧克家：1949年10月19日是鲁迅先生逝世13周年的纪念日，全国各地第一次公开地隆重纪念这位伟大的革命家、思想家和文学家。臧克家深切追忆了鲁迅为人民鞠躬尽瘁的一生，百感交集，于1949年11月1日写下了《有的人》这首短诗，抒发自己由纪念鲁迅所引起的无限感慨，以及对人生意义的深刻思考，充分展现出鲁迅先生的伟大精神和革命者的勇敢。

黄曼君（中国现当代文学研究领域享有盛名的教授）：（在千禧年左右）鲁迅死了60多年，却没有安生的日子，在他生前死后虽有一大批追随者，但每个时期总有那么几个人跳出来在大庭广众面前对鲁迅叫骂，攻击他，贬损他，扭曲他……无论是骂鲁迅或非议鲁迅，这成了鲁迅去世以后中国文坛隔一段时间便会发作一次的带有规律性的感冒。

……摘录了伟人、名士对于鲁迅的认识，这是鲁迅先生。但是，现在我们还将通过萧红，更加完整地走近鲁迅。鲁迅和萧红，亦如伯乐和骏马，他们一位是新文化运动的旗手、中国现代文学的奠基人；一位则是民国四大才女之一、20世纪30年代的文学洛神……因为这种交集，我们有理由从萧红的笔下了解鲁迅，当然也认识萧红。为此，我们带着问题走进萧红的《回忆鲁迅先生》。

一、萧红写此文的心路历程是怎样的？

萧红于1936年7月离开上海去日本。行前，鲁迅先生专门设家宴，为她钱行。在东京不到三个月,便传来了鲁迅先生逝世的噩耗。1937年1月,她又返回上海。不顾旅途劳顿,她做的第一件事,就是在许广平、萧军的陪同下,捧着鲜花,到万国公墓给鲁迅先生扫墓。当晚,泪水与墨水一起落在稿纸上,萧红写了一首《拜墓诗——为鲁迅先生》,撕心裂肺地这样哭诉:"跟着别人的脚印,/我走进了墓地。/又跟着别人的脚印,/来到了你的墓边。/那天是个半阴的天气,/你死后我第一次拜访你。/我就在墓边竖了一株小小的花草,/但不是用以招吊你的亡灵。/只是说一声:'久违'。"

沉痛凄楚中透出的,是亲切、自然,不像在作诗,而是在聊天,私语。三年后她才逐渐收拾了悲情,将那些思绪汇成《回忆鲁迅先生》。

在民国女作家里,萧红虽有灵气,但文采也不见得最好,她却能够在中国文学史上留下独特的一笔,这与鲁迅的直接帮助是分不开的。萧红与鲁迅先生之间的交往主要集中在1934年底至1936年7月这段时间。鲁迅先生于1936年10月19日去世后,萧红怀着深深的感念之情写下了《鲁迅先生生活散记》,以示对鲁迅先生恩义的传颂。之后,她作了修订和充实,将此作品改名为《回忆鲁迅先生》。通过对萧红《回忆鲁迅先生》中鲁迅日常生活细节的分析,我们可以理解萧红笔下的鲁迅那丰富而细腻的内心世界,从而更加全面地了解鲁迅。作者运用浅白质朴、清新隽永的语言,以及生活琐事来表现人物性格的写作方法,让我们对鲁迅不仅有了更加真实的认识,也让我们更加理解了鲁迅先生平易中见伟大的性情。

二、为何此文堪称中国现当代散文典范,为何是"敬献于鲁迅灵前一个永不凋谢的花圈"?

我们可以从萧红的文笔中寻求答案!

(一)"与众不同"的角色定位

有些写回忆鲁迅先生文章的作者,不必说,都是对鲁迅先生满怀敬仰之情的,就像我们绝大多数读者一样。然而,由于彼此之间的关系、交往时间以及接触方式存在的差异,他们倾吐出的情思也就存在着明显的不同。

萧红在这方面是有优势的。她与众人不同的是:1934年年底到1936年7月,这么长的一段时间里,萧红几乎成为鲁迅先生家中的一员。她在鲁迅先生身上,寻找到了最疼爱她的爷爷的影子,更体验到了从未有过的男性给予的真正关爱。鲁迅先生也对这个才女满怀怜惜之情,从而滋生出一种恩师爱徒、家人亲人的深厚情愫。

看看下面的文字:"那天下午要赴一个筵会去,我要许先生给我找一点布条或绸条束一束头发。许先生拿了来米色的绿色的还有桃红色的。经我和许先生共同选定的是米色的。为着取笑,把那桃红色的,许先生举起来放在我的头发上,并且许先生很开心地说着:/'好看吧!多漂亮!'/我也非常得意,很规矩又顽皮地在等着鲁迅先生往这边看我们。/鲁迅先生这一看,脸是严肃的,他的眼皮往下一放向着我们这边看着:/'不要那样装饰她……'/许先生有点窘了。/我也安静下来。"

这只是一个由生活中的小插曲衍生出的小细节,却把三个人物都席卷进去,碰撞出奇异的冲突,微妙又激烈。从鲁迅先生的认真,嗔怒中,展露出了他对萧红的偏爱、袒护,以及对审美的严肃态度。萧红有足够的幸运,在鲁迅家中快乐生活,从生活的万花筒中观察着鲁迅。

(二)"与众不同"的审美视角

因"与众不同"的角色定位,萧红从爱徒、家人、女性纤细的感触中寻得了生活片段。开篇两个小节,"笑"和"走路",与先驱,与伟人的高大形象毫不沾边,纯属鸡毛蒜皮的琐事。这样的起头,也为作品奠定了平易近人的风格。

1."笑"——萧红,这位凭着个人感受和天分进行创作的女性作家,以一个女性的敏感和细腻,以及文学青年的独特视角,去体察、感受,并毫不犹豫地写出了她心中最强烈的印象:鲁迅先生是一个拥有"赤子之心"的真诚的

第三章 十一月十二月：金秋静冬，不容错过的杂文蕴藉时光

人，是一个非常幽默，喜欢开玩笑的人，而这些特质却往往被很多人忽略。幸好萧红捕捉到了，文中鲁迅的"笑"，让读者也不禁跟着舒展地笑了。

"明朗的　　从心里的欢喜　　笑得咳嗽起来"

用"大人者，不失其赤子之心者也。"（《孟子·离娄下》）一言蔽之，有德行的人，便是能保持那种婴儿般天真纯朴的心的人。鲁迅作为一个文学大家，并没有失去他最本真的内心。

这样的描写放在回忆文章的开头，旨在强调这是留给萧红最强烈的印象，说明鲁迅先生是个容易相处的人，所以才会露出这样真挚的笑。还记得鲁迅50多岁时，被猫叫吵扰得无法专心写作，于是他拿出烟盒，用烟炮一一"扫射"，那份不失童心的"调皮"让人忍俊不禁。看到此处，我们何尝不是会心一笑……

2. 走路——这可能与鲁迅曾在水师学堂接受过军事训练有关系，已经养成了习惯。"仿佛不顾一切地走出"，萧红写出了鲁迅先生勇往直前的坚毅，这里作者赋予"走路"以象征意义，那这是否符合鲁迅本人呢？鲁迅先生曾亲自解释过为什么取"鲁迅"作为笔名：一是因为母亲姓鲁，二是因为鲁国是周朝的同姓诸侯国之一，故周、鲁是同姓之国，三则取愚鲁而迅速之意。因此可见，这就是鲁迅的性格了。

接着，让我们继续跟着萧红一点点"回忆"鲁迅的生活……

3. "欣赏服饰"这一细节，让人折服于鲁迅的博学。鲁迅自幼爱书，兴趣广泛，什么书都爱看，所以鲁迅不仅是学识"博"，而且是真正做到"通"了。正因如此，他能够马上指出萧红的服饰搭配不符合美学原理。萧红在以后的着装、式样和颜色搭配上都别具一格，很有吸引人的气质，应该是接纳了鲁迅的美学思想的缘故。"生气，眼皮往下一放"——那神态展现了鲁迅苛刻的审美眼光，及治学的严谨态度，当然，他性格中也有执拗的一面。

细磨他们之间的对话——萧红能够步步追问，足见鲁迅和许广平给了萧红"家"一般的温暖与亲切。他们对青年是平易的，真诚的；"鲁迅看书喜欢随便

翻翻，什么都有兴趣，但是实在讲不清楚是在哪看到的，对于这个问题，实在难以回答。"

4."温馨家庭"这一部分内容折射出鲁迅诙谐幽默的个性。文中比较详尽地记述了吃韭菜盒子、理解孩子等片段，萧红笔下的鲁迅俨然是一个可乐的小老头，让人欢喜，此处不再赘述，只想补充一个鲁迅的故事：曾与鲁迅先生一起筹办《语丝》月刊的章衣萍的太太，有一天和朋友去找鲁迅玩，瞧见鲁迅正在四川北路往家走，于是隔着马路喊，鲁迅似乎没听见，待众人撵到家门口，对他说喊了你好几声呢，于是老先生便"噢、噢、噢……"也"噢"了好几声，问他为什么连声回应，鲁迅笑说，你们不是叫我好几声么，我就还给你们呀。

看来，鲁迅的这种幽默并非偶尔为之，而是已经深深融入他的性格之中了，就连一直被他批评的夏衍也说鲁迅"幽默得要命"。

5.鲁迅对青年的严格与关爱，让人对他生发敬意。作为新文化运动的旗手，他真诚而倔强，满怀革命情怀，也因此积劳成疾。他把希望与视角投向了青年，在这篇文章中，我们看到了萧红以第一视角，展现了鲁迅和青年之间的深厚情谊。在萧红的心中，一直有个疑问，就是鲁迅对青年的态度究竟如何。她说，在她没与鲁迅先生见面时，猜想鲁迅先生一定是位很严厉的人，但真正见到面后，她便觉得鲁迅是很容易接近的。这是什么道理呢？有一次，萧红便鼓起勇气直接问起了鲁迅：

"您对青年们的感情，是父性的呢？还是母性的呢？"

调动我们对于鲁迅和鲁迅作品的认识，尝试着回答萧红这个问题吧。给大家几点参考：

（1）此文谈美学时，对许广平的"怪罪"，体现了他对学识的严谨态度。

（2）此文最后一节，鲁迅对青年人的书写进行了批评。

（3）白莽翻译时，把"国民诗人"改成"民主诗人"，鲁迅指出不应该因个人的爱憎，而随意改变原文。

(4)在鲁迅先生给萧红的《生死场》所写的序文中,他指出了萧红写作上的不足:叙事写景胜于描写人物,并指出萧红在描写人物方面有待提高。

(5)萧红和萧军看到鲁迅工作繁忙且身体欠佳,于是想帮忙,就把鲁迅当时在校样的瞿秋白的译作抢去,认为这是很简单的事情,便花了一天就圈点好了。结果鲁迅一看,发现他们的工作完全是马马虎虎的,根本不能用,于是又自己重新校对。但鲁迅从未当面跟萧红提及这件事,进行批评。

(6)萧军因为想念哈尔滨的家,在上海霞飞路上寻得了家的感觉,见到俄国人就操起了俄语。鲁迅得知后告诫他,以免被政府误认为是俄国间谍。

(7)萧军在鲁迅家把海婴公子的玩具弄坏了,鲁迅瞪了他一眼,萧军因此惭愧不敢再进门。过了几日,鲁迅发觉萧军怎么多日不来,得知原因后立刻让萧红请他常来。

……

鲁迅靠在藤椅上,手指夹着纸烟,吸了一口,沉吟了一下,慢慢地说:"我想,我对青年的态度,是'母性'的吧!"

的确,鲁迅先生是以一颗"赤子之心"来对待青年的,这可能是受了他的老师章太炎老先生的影响,章老先生对待青年,也是谦和宽厚。但更主要的原因,可能是他受严复翻译的《天演论》的影响,接受了进化论的思想。鲁迅认为后起的生命,总比以前更有意义,更趋完善,因此,也更有价值,更可宝贵。前者的生命,应该牺牲于它。

正因如此,尽管当时有些青年接近鲁迅,是想利用他,甚至有的还骂他,使鲁迅非常失望,但他却说"我不能为一个人做了贼,就疑心一切的人",可见,鲁迅先生是以母性所特有的包容心和牺牲精神去对待青年的。

(三)细细品读"闲笔不闲"中的情味

在"真诚待友"这部分内容中似乎闲笔太多:"我们包饺子,海婴公子围着桌子闹着起劲……许先生怎样离开家的……"其实,闲笔不闲。这无疑表现出萧红与鲁迅一家人的亲密程度……此外,我们的课文是节选,原文中还有这么一段:"鲁迅先生的写字桌,铺了张蓝格子的油漆布,四角都用图钉按着。桌子上有小砚台一方,墨一块,毛笔站在笔架上。笔架是烧瓷的,在我看来不很细致,是一个龟,龟背上带着好几个洞,笔就插在那里。"

"在病中,鲁迅先生不看报,不看书,只是安静地躺着。但有一张小画是鲁迅先生放在床边上不断看着的。/那上边画着一个穿大长裙子飞散着头发的女人在大风里边跑,在她旁边的地面上还有小小的红玫瑰的花朵。/记得是一张苏联某画家着色的木刻。/鲁迅先生有很多画,为什么只选了这张放在枕边。"

我们好似触摸到了"写字桌"与"一张小画",虽然靠近了鲁迅的作家身份,可仍然没离开世俗凡人的范围,没离开鸡毛蒜皮的范围。恰恰因为这两个"没离开",读者才能始终觉得"没离开"过鲁迅。获得的阅读感觉,既是轻松愉悦的,又是真实可信的。作品是聚焦在鲁迅身上,可事件倒是像一颗颗玉珠,晶莹地散落在各个角落,随意地闪耀着光芒,照亮人们的眼睛。这样的结构方式,无须刻意安排,恰恰是萧红思绪的真实反映,也恰恰是鲁迅生活的真实反映。人们心灵中储存着那么多的记忆,一旦被激活,怎么可能整整齐齐站好队,秩序井然地亮相呢?那一定是跳跃的、看似散乱的,这才是真实的、灵动的。

(四)慢慢品味结尾"草率"中的深沉

结尾常常是作家最花心思的地方,尤其是怀人散文,此时该"升华"主题了,但萧红的《回忆鲁迅先生》最后几行文字是这样的:

"这一次鲁迅先生好了。/还有一样不同的,觉得做事要多做……/鲁迅先生以为自己好了,别人也以为鲁迅先生好了。/准备冬天要庆祝鲁迅先生工作三十年。//又过了三个月。/一九三六年十月十七日,鲁迅先生病又发了,又是气喘。/十七日,一夜未眠。/十八日,终日喘着。/十九日的下半夜,人衰弱到极点了。天将发白时,鲁迅先生就像他平日一样,工作完了,他休息了。"

没有一个多余的修饰语、形容词,全是平淡的叙述,不见过多的感情介入,却似晨钟暮鼓,回荡着自然的声音,徐缓、沉实。读者的心海倒是激起惊涛骇浪,想平静也平静不了。萧红以平静的语调,道出了鲁迅那接近全部心力

○ 第三章 十一月十二月：金秋静冬，不容错过的杂文蕴藉时光

奋斗的一生，也描绘出了先生的永生。她的文字似散文似诗歌。叙述愈是朴素平易，则愈是凸显出鲁迅的真实形象。短促的句子让人揪心，时好时坏的病情描述让人深感不安，步步逼近的时间流逝让人垂泪，直白的表达却是蕴含深邃。

萧红作为鲁迅的学生，鲁迅作为他的良师益友，甚至是她的文坛发掘人、引路人，这使得萧红跟一般作家的视角有所不同，在生活化的鲁迅身上，谁说找不到那个"深邃、沉重、严厉、倔强、勇毅、果敢……浓黑的一字须，根根向上的头发，吸着烟斗、面目严肃冷峻"的新文化运动旗手的影子呢？这样想问题、看问题也许才更加合适，"典范"与"不凋零"的意义也许就在于此。

散文文质兼美，正如鲁迅先生那"爽朗亲切、干练敏捷、坦白真诚、严格慈爱"的性情一样，让人回味无穷！在回忆鲁迅先生时，萧红没有写下一句刻意赞扬的话，而是通篇以自然、直率的口吻，细腻地描绘了鲁迅先生明朗的笑声、轻捷的脚步，以及那风趣而充满睿智的谈吐。此外她还描绘了先生在衣食住行、招待客人、个性爱好、工作习惯等方面的细节，而对先生的人格精神，仅于不经意间偶加点染。尽管鲁迅先生是萧红顶礼膜拜的偶像，是带她前行的导师，但她采用的却是平等的视角，把鲁迅先生从神坛上请下来，与世俗凡人，与读者，平起平坐。萧红还不加掩饰地还原了鲁迅先生吃喝作息、嬉笑怒骂的真实生活面貌，原汁原味地展现了这位革命家、思想家、文学家和我们的家人——鲁迅。

最后用周海婴（鲁迅之子）的话来结束我们《回忆鲁迅先生》的阅读之旅：

很长一段时间，父亲的形象都被塑造为"横眉冷对"，好像不横眉冷对就不是真正的鲁迅、社会需要的鲁迅。的确，鲁迅是爱憎分明的，但不等于说鲁迅没有普通人的情感，没有他温和、慈爱的那一面。我后来也问过叔叔周建人好多次："你有没有看见过我爸爸发脾气的样子？"他说从来没有。在我眼里，

母亲与父亲之间的感情包含着两种：一种是学生对老师的崇敬，还有一种是夫妻之间的爱护、帮助。我母亲在她力所能及的范围内，帮助父亲做了很多事情，抄稿、寄信、包装，等等。母亲喊父亲什么，我不记得了，记忆中也没有她老远喊父亲的印象，只是有事就走到父亲面前，询问他喝不喝水，或者告之该量体温了、该吃药了，是一种自然的、平视的状态。

母亲是父亲的一片绿叶，为父亲做了很多工作，母亲当年也是一位有才华的女性。母亲告诉我，她后来也跟父亲提到过，想出去工作；父亲听到后，把笔放下叹了口气："那你出去我又要过我原来的生活了……"于是母亲放弃了原来的想法。我想鲁迅最后十年能创造出那么多的传世作品，当中也有母亲的牺牲。虽然希望出去教书的母亲心情也很矛盾，但她觉得用自己的牺牲换来父亲创作的高峰，这一切付出是值得的。

附：教学板书

回忆鲁迅先生

萧　红

爽朗亲切、干练敏捷、坦白真诚、严格慈爱	散文特质：
（情感真挚、细节生动、自然质朴）	行文基调
审美角度	
选材立意、无意安排	
闲笔不闲、浅白质朴	

5. 怎样读懂针砭时弊的演讲稿

——以 1924 年鲁迅《未有天才之前》为例

作为议论文的一种，我们常常会遇到、听到、用到"演讲稿"。鲁迅先生的这篇"演讲稿"——《未有天才之前——一九二四年一月十七日在北京师范大学附属中学校友会讲》（以下称为《未》），也许"别有一番滋味"。况且，2024 年正是鲁迅先生发表《未》100 周年！难以想象，1924 年的他是怎样在沉于下僚与投枪弩张中寻求真理、呼吁民众的！要读懂这类针砭时弊的演讲稿，我们可以有哪些方法呢？本文尝试从探讨文本的论点、论证过程和写作意图入手，整理阅读此类文章的一般方法，并激发读者理解文本对于今天的价值。

首先，阅读前我们要认识"演讲稿"的基本特征。即：① 针对性（演讲稿要从思想情感、事例、理论等方面吸引并征服听众）；② 可讲性（演讲应以讲为主演为辅，并使用生动的短句，使听众觉得"好听易懂"）；③ 鼓动性（演讲稿的内容应形象生动易于激发情绪，论证方法自然娴熟，易于赢得共情）；④ 整体性，即演讲时需考虑外界因素（如听众素养、演讲者的个人能力、时间空间及现场氛围等）。

基于这些特点，我们从"针对性"的角度考虑《未》的写作背景和文章所针对的现实问题。这是鲁迅先生 1924 年关于文艺创作的一次演讲，其演讲的核心是针对当时文坛上一些空喊缺乏天才，而实际做法却是时时扼杀天才、戕害天才的怪现状，提出自己的观点——天才的产生需要民众这个土壤，并呼吁民众为培养天才要做出自己的贡献。

既然当下存在这样的问题，那么此文的针对性就不言而喻了，此文很明显可以分为三个部分：

（1）（1节～3节）作者正面论证了中心论点："在要求天才的产生之前，应该先要求可以使天才生长的民众"。

（2）（4节～9节）文章对中心论点进行了反面论证。列举了三种"现在社会上的论调和趋势"，以此证明当下缺乏"可以使天才生长的民众"。这三种趋势分别是：

其一是"整理国故"。

其二是"崇拜创作"。

其三是"恶意的批评"。

纵观第二部分，我们不难看出三种"论调与趋势"是层层递进的：研究领域"整理国故"——具有欺骗性的"崇拜创作"——赤裸裸的"恶意批评"式的戕贼，恶劣程度逐渐加深。

（3）（10节～12节）作者再次正面论证了如何成为"可以使天才生长的民众"。

《未》一文表面上是针对"文艺界"问题，实际上是对天才培养问题的深刻呼唤。作者批判了阻碍天才成长的种种"现在社会上的论调或趋势"；并号召、呼吁民众成为"可以使天才生长的民众"，作培养、成就天才的沃土。我们通过精简的文字厘清"事与理"之间的关系，提取中心词、概括段落大意、精炼地总结主要思想，这也是把握文章写作意图的有效方法。

第二，从分析句子关系入手，关注"可讲性"，读懂演讲稿。

演讲稿的"可讲性"体现在"上口入耳"、生动的短句，使听众觉得"好听易懂"。因此，这就要求句子生动短小，句子与句子之间的逻辑关系清晰，同时内容上还要是受众了解且相对感兴趣的。在高中阶段，我们常常会遇到将散乱的句子排序成段的题目，这类题目不仅考逻辑考理解也考表达。那么，我们不妨也转换思路，自编一道题目，通过观察句子特点、句子之间的逻辑关系，来体会演讲稿的表达方式——既要让讲者"可讲"，也要让读者"可听"。

如：把下列语句组织起来形成第3段，语意连贯的排列是（　　　　）（写序号）

（1）有一回拿破仑过 Alps 山，说，"我比 Alps 山还要高！"这何等英伟，然而不要忘记他后面跟着许多兵；倘没有兵，那只有被山那面的敌人捉住或者赶回，他的举动，言语，都离了英雄的界线，要归入疯子一类了。

（2）所以我想，在要求天才的产生之前，应该先要求可以使天才生长的民众。

（3）——譬如想有乔木，想看好花，一定要有好土；没有土，便没有花木了；所以土实在较花木还重要。

（4）天才并不是自生自长在深林荒野里的怪物，是由可以使天才生长的民众产生，长育出来的，所以没有这种民众，就没有天才。

（5）花木非有土不可，正同拿破仑非有好兵不可一样。

排序参考答案：（4）、（1）、（2）、（3）、（5）

为什么是这个顺序？我们简要分析一二：

让我们梳理一下观点：　　　没有**民众**，就没有**天才**　　　（因）

　　　　　　　　　　　　　没有**士兵**，就没有**拿破仑**

　　　　　　　　　　　　民众←――――天才　　　（果）

　　　　　　　　　　　　　好土　　　　　花

演讲稿中的观点是直截了当且形象化地表达出来的。如题目中的第（4）句，直接阐述了天才与民众的关系。然后，形象地从正反两面运用学子们都熟知的拿破仑的故事阐述英雄和士兵的关系。由"士兵"联想到"民众"，做一个小结，见第（2）句。接着作者由人及物，用花木与土的关系来比喻天才与民众的关系，更加贴近听众的生活经验，最后第（5）句接"花木与土"，呼应前面的事例——拿破仑和士兵，形成了本段的结语。整个段落一气呵成，逻辑严密，而且生动可感，即便于演讲者的口头表达，也便于听众的聆听与理解。

第三，从解析论证方法、说理特点入手，关注"鼓动性"，读懂演讲稿。

我们可以大声朗读一下文章的第二部分，教师一句句带读，学生一句句跟读也是一种不错的品读方法。通过段落分析，我们明晰了先生此文的论点——"没有这种民众，就没有天才。"但事实上，虽在呼唤天才，却在灭天才，甚至连土也扫尽。接着先生批评了阻碍天才成长的三种"论调或趋势"。下面我们重点分析第一种——"整理国故"的说理特点。同样，我们可以这样问自己：

如：简述第5节的说理特点。

这是通过梳理句子与句子的关系，品读段落写作特点的基本问题。我们可以这样分析：

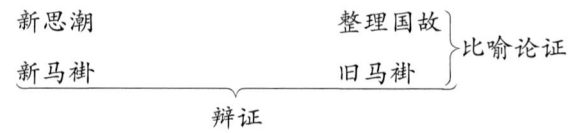

我们可以这样理解此段的"说理特点"：先生运用喻证、例证等方法，使抽象的哲理形象化，深刻的道理通俗化。他将"新思潮""整理国故"比喻为"新马褂""旧马褂"，形象地阐明了两者之间并不矛盾，这体现其看待问题时的辩证性，并揭露了只要"整理国故"的荒谬性。先生再运用富有生活气息的例子，比如"古董商人"都懂得"决不痛骂"别人，来讽刺某些"国学家"，让人感同身受。这种叙述方式更加生动地呈现了"整理国故"的表现及其可能带来的后果。

要想读懂并深入理解议论文，理解其"说理特色"是不可或缺的。通常，我们可以从三个方面进行梳理和提炼，即：1.文章使用了哪些论证方法（如比喻论证、例证、对比论证、因果论证等）；2.分析这些论证方法的特点及其对支持论点所起的作用；3.考察文章的语言特色（如犀利、幽默、平实……）。

第三章　十一月十二月：金秋静冬，不容错过的杂文蕴藉时光

第四，对于听觉艺术——演讲稿的理解性，还需整体性考虑外界因素（如听众素养、演讲者的个人能力、时间空间及现场氛围等）。外在演讲环境——时空和氛围在此不赘述，但基于听众素养和演讲者个人能力，我想还是有必要在"读懂演讲稿"这个话题上宕开一笔，对于一些"话中有话"的句子、短语和词汇，我们应该学会细心品读。

《未》善用比喻论证、举例论证，我们不妨再出个题考考自己：

如：《未》一文，鲁迅先生运用比喻论证、举例论证来论述"崇拜创作"，那么"崇拜创作"在文中的具体含义是什么呢？第6节划线词语"崇拜创作"在文中的具体含义是：＿＿＿＿＿＿＿＿＿＿＿＿＿＿＿＿＿＿＿

我们不妨来关注一下此段的"中心词"，即：时下只要强调"处子、产生"；而不注重"媒婆、翻译"的思想。这其实"含有排斥外来思想、异域情调的分子，所以也就是可以使中国和世界潮流隔绝的"。

然后，结合文本解释"崇拜创作"，经过组织语言，我们可以得到以下参考答案："崇拜创作"是指鼓吹**依据**旧经验自己创作，**而不要**翻译、学习、借鉴，排斥外来思想，使中国和世界潮流隔绝的**行为**。

如果说因为"与世界潮流隔绝"而没有天才的产生，那么"恶意的批评"就是面对诸多的可能性而肆意地"戕贼"，更像是"斩草除根"，而"我的希望便是常人也能保留其本性"。作者针对"恶意的批评"这种论调或趋势，运用举例论证、比喻论证谈了两层意思，即：1. "恶意的批评"对于"天才"产生的后果；2. 如何正确对待"恶意的批评"。作者对于"三种论调和趋势"的论述一气呵成，让人听着也是酣畅淋漓！

总之，要读懂并深入理解针砭时弊的演讲稿，我们可以从演讲稿的通适性特点入手，紧紧抓住这四个重要特点，通过从不同侧面阅读演讲稿，将语言的内容和语言的表达结合起来，我们才能更好地体会演讲稿的感召力和它的时代意义。

6. 今天，我们一起读鲁迅

很久以来，鲁迅先生给大家的印象是"愤怒、讽刺、尖锐"，就连他的长相、他的胡须、他的头发也似乎和他的性格一样坚硬了起来。每隔一段时间，就会有质疑鲁迅或是追忆鲁迅的争论，"成了鲁迅去世以后中国文坛隔一段时间便发作一次带有规律性的感冒。"（黄曼君语）对于我们这些离20世纪的殖民地文化以及为崛起的世界性潮流相去甚远的人们来说，该如何走近鲁迅，了解鲁迅，该如何继承和批判地继承鲁迅精神，是值得我们深入研究的。

鲁迅（1881年9月25日—1936年10月19日），浙江绍兴人。他曾用名周樟寿，后改名周树人，字豫山，之后又改为豫才。曾留学于日本仙台医科专门学校（肄业）。而"鲁迅"是他1918年发表《狂人日记》时所用的笔名，也是他影响最为广泛的笔名。鲁迅是著名的文学家、思想家、民主战士，五四新文化运动的重要参与者，中国现代文学的奠基人。毛泽东曾高度评价他："鲁迅的方向，就是中华民族新文化的方向。"

这个季节，秋天肃杀的气氛让人陷入沉思，此时正是读读鲁迅、读读鲁迅杂文的好时机。除了从小到大我们课本里的选文外，很多人对于鲁迅的了解其实是相当单薄的。此时，可以看看《鲁迅杂文选集》这本书，它由二十一世纪出版社于2013年7月首次出版。这是一本便于大家深入了解鲁迅思想的文集，为什么这样说？让我们先来看看它的构成：

因为是"杂文选集"，在阅读前一定要先看看《编选说明》。在鲁迅先生600余篇杂文中，编者按时间顺序，分别从《坟》《热风》《华盖集》到《而已

○ 第三章 十一月十二月：金秋静冬，不容错过的杂文蕴藉时光

集》《二心集》《南腔北调集》，再到《且介亭杂文》《集外集》《集外集拾遗补编》等17部作品集中，遴选出87篇精彩杂文结集成册。

为了让大家对鲁迅杂文有一个整体认识，编者在正文前特别列出了《名家论鲁迅杂文》这一章节，收集了各个历史时期诸多名家对其杂文的总体评价，让读者对这位跨世纪的文坛巨匠产生敬重之情！尤其是有些评论直接介绍了他的某些杂文集，也让读者即使没有时间、精力去阅读他的全部作品，却也能够了解一二。此外，更能够帮助到大家的是，每篇杂文后又附有"名家解读"，虽然这些解读也只截取了原文的某一片断，但也足见编者的"编辑"之功。

有意思的是，鲁迅一生酷爱美术，尤其是版画艺术。对生于比利时而蜚声全球的麦绥莱勒更是推崇有加，麦绥莱勒作品中孤独、彷徨、批判、反抗的形象恰好符合了鲁迅的风格。编者特意选取了麦氏的79幅木刻作品，作为插页附在鲁迅的杂文中。尽管图文之间并没有什么直接联系，但在刀刀入木三分的雕刻力量中，我们亦会有所启迪！

值得说明的是，本书作品是以1938年鲁迅先生纪念委员编纂、上海复社出版的《鲁迅全集》为底本，由于出版时间接近鲁迅先生离世，因此文章相对更准确。那么，对于这本书的阅读，我们可以从以下几个方面入手，来一次充满敬慕的阅读！

第一，从著书信息索引入手。

这是一种最省力又最不省力的阅读方法。它可以让我们"不费力气"的"全面阅读"，但同时又可能费时或产生阅读疲惫感。如果你看到鲁迅先生那种著书强度和对民族崛起的迫切期望，也许会顿生敬意，甚至废寝忘食地阅读起来。让我们回顾一下那些年鲁迅先生的著文强度，面对黑暗与奴性的中国，他始终笔耕不辍：

《伪自由书》。于1933年10月由上海北新书局以"青光书局"名义出版。

《南腔北调集》。于1934年3月由上海同文书店出版。

《拾零集》。于1934年10月由合众书店出版。

《准风月谈》。于 1934 年 12 月由上海联华书局以"兴中书局"名义出版。

《集外集》。由杨霁云编,鲁迅校定并作序,于 1935 年 5 月由群众图书公司出版。

《花边文学》。于 1936 年 6 月由联华书局出版。

《且介亭杂文》。由鲁迅编定,于 1937 年 7 月由上海三闲书屋出版。

此外,《且介亭杂文末编》是鲁迅生前开始编集,后经许广平编定,同样于 1937 年 7 月由上海三闲书屋出版。

在鲁迅生命的最后几年,他依然笔耕不辍……他的一生虽只有短短 55 年,却影响我们许久许久……《鲁迅杂文选集》,不仅可以按时间顺序品读,还可以选择不同方向去阅读,在阅读中进行比较,在比较中深入思考。

第二,从鲁迅先生"信仰、主义"的发展入手。

山西大学马克思主义学院的谢忠强、陈榕曾经指出:"鲁迅一生不惧牺牲,战则不止。他认为斗争不仅意味着要付诸具体的实践活动,还应当在意识领域里对敌人狠。"在上个世纪三四十年代,帝国主义、封建主义、买办阶级,以及教条主义、经验主义、错误思潮、贪污腐败、软弱涣散、追逐名利等一切阻碍甚至抑制中国发展的势力裹挟着人们,鲁迅总是能够"稳""准""狠"地击中敌人要害,而且严厉批评中国文人爱笔下留情的毛病,他给大家留下的全然不是文弱文人之印象。"敌人一天不杀掉我,我可以拿笔杆子斗一天,我不怕敌人,敌人怕我"。

从他的《自题小像》来看,1903 年春,在日本留学的鲁迅断发后拍摄了小像,并将此诗写于照片背面赠予许寿裳,原诗并未设题。

> 灵台无计逃神矢,风雨如磐暗故园。
>
> 寄意寒星荃不察,我以我血荐轩辕。

诗中首先表达了作者热爱祖国的感情,继写由热爱而引发的对处在"风雨如磐"困境中的祖国的忧虑,接着,再写由忧虑而迫切希望祖国人民能尽快觉醒,认识到国家危机。最后,他表明了为祖国、为人民而献身的坚定决心。

○ 第三章　十一月十二月：金秋静冬，不容错过的杂文蕴藉时光

鲁迅的这种情感来自他对当时中国社会矛盾的深刻领悟和理解。1925年12月，鲁迅创作了《论"费厄泼赖"应该缓行》，提倡"痛打落水狗"，这既是鲁迅历经辛亥革命失败得来的教训，也是他对敌斗争的鲜明立场。"四一二"反革命政变前夕，鲁迅重申这一主张，要求民众"提高警觉"，绝不能对敌人心生怜悯，要"防止敌人反扑"。鲁迅不仅仅是一个有着忧国忧民情怀的文人，更是一名眼光犀利、坚强不屈的民主主义革命战士！

我们最为熟悉的就是鲁迅"弃医从文"的选择，但很少有人了解他内心信念日臻坚定的两次转变：第一次的明示出现在《我怎么做起小说来》，文中说："说到'为什么'做小说吧，我仍抱着十多年前的'启蒙主义'，以为必须是'为人生'，而且要改良这人生"，"所以我的取材，多采自病态社会的不幸的人们中，意思是在揭出病苦，引起疗救的注意。"如果说，此时的他只是作为一个清醒着的文人，在呼唤有人来疗救社会的话，那么第二次的变化则体现在《死火》。《死火》不仅表达出了先生的生死观，也昭告了他的行动宣言。他说人生有两个结局，一个是冻灭，一个是烧完。反正都要死，鲁迅说我选择烧完。与其冻灭，不如烧完。"冻灭"意味着你的能量还没有消耗尽，生命却已结束了。而鲁迅选择烧完，他要把他的能量全部奉献出来，直至生命的最后一刻。所以，他选择了这种战士般的死亡。

而《伪自由书》，"这是鲁迅成为成熟的马克思主义者之后写的第一本集中地讥评时事的杂文集，它闪耀着马克思主义思想的异彩。"（刘中树《论〈伪自由书〉》）要了解鲁迅的心路历程，阅读它是必不可少的。

第三，从鲁迅文笔特色入手。

正如徐懋庸所提炼的：第一是理论的形象化。……很少抽象的议论的，他利用丰富的生活经验，以小喻大，因著显微，又举得非常自然活泼……第二是语汇的丰富和恰当。鲁迅运用成语古典能化腐朽为新奇。……第三是造句的灵活。这既是古文影响的结果，也是与外国文学相互影响融合的体现。……第四是修辞的特别。……鲁迅运用的是"剥笋"式修辞，……剥了一层，"然而"

还有一层,"不过"这一层样子不同了,"如果"再剥进去,那还有许多工作,"倘"不剥完,就不会看出真相。……最后,我要谈一谈一件值得注意的事……(鲁迅杂文)所表现的仍是集体的意志并无私人的影子的闪烁。

《鲁迅杂文选集》中收录有鲁迅的日记体杂感——《马上支日记》等;演讲稿——《娜拉走后怎样》(1923年12月26日在北京女子高等师范学校文艺会讲演)、《未有天才之前》(1924年1月17日在北京师范附属中学校友会讲演)、《无声的中国》(1927年2月16日在香港青年会讲演)、《读书杂谈》(1927年7月6日在广州知用中学讲演)等;更多的是直截了当的"论""说"类文章——《论雷锋塔的倒掉》《论照相之类》《论"他妈的"》《略论中国人的脸》《"友邦惊诧"论》《谈皇帝》《说"面子"》……还有直指"时尚"的"砭锢弊常取类型"式样的杂文——《战士和苍蝇》《吃白相饭》《揩油》》《"京派"和"海派"》《青年与老子》《拿来主义》……

如《战士和苍蝇》,鲁迅用通俗形象的比喻,通过对苍蝇的斥责,肯定并赞颂战士。《揩油》》中,鲁迅观察并描写"揩油"的买票人——"眼光都练得像老鼠和老鹰的混合物一样。"这传神的心理和外貌描写,我们是否在小说中见得最多?在鲁迅的杂文中,说理时总能看见那些理论被形象化,丰富的语汇、灵活的造句和剥笋式的修辞展示了"文明"的新类型。

如《"吃白相饭"》,上海话中"白相"就是"玩耍"的意思,而至于"吃白相饭"就等同于"不务正业,游荡为生"。鲁迅惯用也善用反讽。他揭示了一种奇怪的现象:"'吃白相饭'在上海是这么一种光明正大的职业。"并描述了一种奇怪的态度:"'白相'可以吃饭,劳动的自然就要饿肚,明明白白,然而人们也不以为奇。"鲁迅反复质疑,深刻揭露。当然,和那些遮遮掩掩的流氓相比,"直直落落"的"吃白相饭"朋友"倒自有其可敬的地方"。读到此,我们是不是从心底认同鲁迅,从鼻子里发出对这种现象的嗤笑呢?

第四,整合鲁迅相关联作品与当今学者的解读。

人在同一事件或同一时期往往会产生相关联的作品,如果读起来感觉费

○ 第三章　十一月十二月：金秋静冬，不容错过的杂文蕴藉时光

力，《鲁迅杂文选集》中的"名家解读"部分可以助你一臂之力，其中选文可以满足你如此品读鲁迅的方式。

比如：日记体杂感《马上支日记》是鲁迅在阅读了日本作家安冈秀夫写的《从小说看来的支那民族性》一书后所写的，由此引发了关于民族以及自我的深刻反省。在鲁迅看来，一个民族和个人是否具有自我反省的意识，是这个民族和个人是否有希望的根本指征，他不避讳强调自己民族的弱点，并反对大谈中国光荣历史而借以掩盖民族弱点的行为——这也是一种"欺和瞒"。这篇文章是在他提出的《论睁了眼看》的第二年完成的，两篇文章一起看也许就能明白他提出的"做戏的虚无党"这一概念。当然，还可以去读钱理群的《走出瞒与骗的大泽》，这篇文章用今天学者的视角可以帮助你读懂 1925 年、1926 年的鲁迅。

再比如：《可惨与可笑》写于 1926 年 3 月 26 日。3 月 18 日，北京 5 000 多名青年学生和爱国群众举行集会游行，抗议日本帝国主义入侵大沽港、炮击国民军以及八国无理通牒中国的罪行。可是，这场爱国正义的行动遭受到了段祺瑞政府的残酷镇压，造成了死伤惨重的"三一八惨案"。面对这一血腥暴行，鲁迅无法保持沉默，也先后写了《空谈》《纪念刘和珍君》等十余篇文章，表达悼念死难青年、抨击军阀残暴行径并呼唤民众保持清醒，不抱幻想的主张！为了更深入地理解鲁迅在这些文章中所表达的思想和情感，可以参考阅读石翔的《鲁迅杂文解析》。

方法还有很多，你会怎么读鲁迅呢？可以开始试试了。

鲁迅是伟大的文学家、思想家、革命家，是 20 世纪中国文化史上的丰碑式人物。回望 20 世纪中国的发展历程，我们不难发现鲁迅对于中国社会、文化的现代转型起到了重要作用。中国曾是一个阶级矛盾激烈的国家，20 世纪初更是矛盾重重，斗争尖锐。在这样的背景下，使鲁迅站在了革命的前沿，为民族的生存而战斗，称其为革命家是毫不过分的。

有人说：鲁迅在坚持革命的同时，又始终与政治保持了一定的距离，他是

一名清醒的思想家。称他为思想家，不仅是因为他常对问题进行哲理的思考，还因为他拥有独特的思维模式，一直对政治有透彻的认识。

有人说：作为文学家，鲁迅的过人之处在于他既未脱离政治，又执着于现实，冷静地以独特的文化视角去观照社会和人的心理。他把个人解放和民族解放结合起来，其作品所展现的悲凉、焦灼的审美特征，以及对于民族语言的提升，使他成为中国文学现代化的奠基石。

鲁迅的价值不仅在于那些已经成为我们常识的部分，而且更在于那些被时空因素所遮蔽，甚至被误解和曲解的部分。正如朱自清在《鲁迅先生的杂感》（1948年）中所说，"鲁迅先生独创了将诗和评论凝结于一起的'杂感'，这尖锐的政论性的文艺形式。……是诗人和战士的一致的产物。"

（发表于《新高考高一语文》2024年1—2期，略有改动）

参考书目：

钱理群. 鲁迅作品十五讲［M］. 北京：北京大学出版社，2003.

7. 阅读成长记录单

1. 1911年出生在黑龙江的萧红和2011年乃至以后出生的你们，相隔百余年，不知你们是否读出了一位女性、学生、朋友眼中的中国现代文学的开创者、奠基人——鲁迅先生呢？在阅读了本书"第三章"后，一定激发了你阅读鲁迅的兴趣，让我们一起回想萧红的《回忆鲁迅先生》——这篇堪称现当代散文典范的文章，让我们一起捧起这"敬献于鲁迅灵前一个永不凋谢的花圈"吧。建议阅读**曹聚仁的《鲁迅评传》、陈丹青的《笑谈大先生》**等，截取你所感兴趣的文字加以点评。

2. 如果你看了本书《今天，我们一起读鲁迅》一文，并尝试着"走近"鲁迅，那么，就请你撰写或和同学、好友、亲朋一起讨论《我眼中的鲁迅》吧。

3. 如果你觉得长篇大论有难度，那么，我们可以从"大师"的文章段落中汲取写作的"奥秘"，有思想的你不妨从仿写入手，体会每句话，每个段落的"逻辑的味道"。建议品读《未有天才之前》，仿写第三节，当然最好是结合本书中《怎样读懂针砭时弊的演讲稿》一文，思考片刻后再动笔尝试。

【感想感言】

第四章

一月二月

虚实人生
催人反思的小说、戏剧

在现实生活中,面对各种压力和忙碌、快速的生活节奏,很少有人有空去反思自己。如果借用小说、戏剧,在别人的世界里找找自己的定位,反思自己,未尝不是一种消遣、学习的机会。同时,还可以丰富自己的视野、充实自己的思想,获得无限的乐趣和启迪。虚实相生,或许会触动你的灵感,或是引发你内心的动力与激情,使你自信前行。

1. 谈谈爱美

这一年的日历牌又被翻起。用现代汉语言文字来形容时间："白驹过隙""光阴荏苒""稍纵即逝""时光如梭"……各种感官一拥而上，各种形象蜂拥而至，美不胜收——透过文字就能感受出各种情感，这就是中国文字的美学担当。徜徉在美的世界里，我们就可以将有限的时空扩大、拉长，丰富渺小的自己。今天的世界虽然丰富多彩，但是也充斥着良莠不齐的景象、诱惑。比如说，天冷了，没有了春夏的花枝招展、五彩缤纷，我们好似被厚厚的、单一色泽的羽绒服包裹着，于是，有些青少年就开始学着时尚模特的样子，在自己的脸上涂抹起来。我在想，什么样子才是青春最美的样子呢？

每个人都希望自己长得漂亮、行的潇洒。这个年龄，学会爱美就显得尤为重要。就形貌而言，**自然之美要胜于粉饰之美，而优雅行为之美又胜于单纯仪容之美**。假期里，你们一定会三五成群地参加一些娱乐活动或者学习活动。出门前，你可能会对着镜子看看自己的形象。关注形象、爱美，自然是件好事，但是能够懂得珍惜自然美却是你们这个年龄不容易做到的事，模仿大人的装束，只是证明你有依葫芦画瓢的能力，而保持自己的本真，才是你别具一格的个性！干净整洁的服装，自然清纯的肤质就是你们最美的炫耀，何必要迁就别人、跟随所谓的潮流？你自然青春的模样就是潮流！我一直都很欣赏居里夫人，即使有美貌也从不把这种外在美当作资本。在大学的殿堂上，她永远用她的后脑勺回应着数不清的仰慕者，直至找到志同道合的居里，最终登上诺贝尔奖的领奖台……她优雅知性的行为早已胜过单纯的容貌。当容貌老去，人们却能记住她的思想和行为,她的思想和行为也影响着一代又一代的人们……

古希腊哲学家柏拉图告诉我们:**当美的灵魂与美的外表和谐地融为一体时,人们就会看到,这是世上最完善的美**。这美的灵魂有很多。今天,我想跟大家说说感动中国的功勋科学家孙家栋老先生:孙家栋,中科院院士、探月工程总设计师,他是中国第一枚导弹、第一颗人造地球卫星、第一颗遥感探测卫星、第一颗返回式卫星的技术负责人、总设计师;是中国通信卫星、气象卫星、资源探测卫星、北斗导航卫星等第二代应用卫星的总工程师;是中国探月工程总设计师、中国科学院院士、中国"两弹一星"功勋科学家。这些个"第一"远远比那些片酬动不动就上千万的明星有分量得多。对于这位白发苍苍、满脸皱纹的孙先生,相信任何一个有担当的人听到他的名字时,都会肃然起敬!还有大国工匠李万君,面对外国对我国高铁实施技术封锁的严峻现实,李万君凭着一股不服输的钻劲儿、韧劲儿,一次又一次地试验,最终成功地实现了"技术突围",他参与了填补国内空白的高速车、铁路客车等焊接规范及操作方法,先后进行技术攻关100余项,这其中的工作强度及技术难度无法想象!粗糙的大手,细腻的心思,坚定的目光,大国就需要李万君这种工匠精神,这才是"世上最完善的美"。

其实,**真正的美是唯一不受时间伤害的东西**。真正的美是经得起时间历练和考验的。请走进博物馆,看看藏品中的世界历史,从器物中品读人类的智慧,这会让你对人类美的结晶产生敬畏!看看明代吴门书画家手札展。尤其是明代吴门地区书画家的信札,其内容上至朝政纲要,下至家事儿女;或文章酬唱,或艺苑交游,几乎无所不包,是对那个时代的文人生活与艺坛风尚的最直接反映。美是经得起时间考验的一种存在。

干净自然的外表,充盈丰富的内心,经得起时间打磨的文雅与情趣,这不就是"美"的模样吗?在美的滋养下,你们也可以成就少年勤学,青年担纲,方成"国家栋梁"的伟业;在美的滋养下,我们可以一起真正地去"爱美"!

这一章,我们用戏剧、小说装点人生,透过戏剧、小说看历史、看世界、看喜怒哀乐、看悲欢离合,看看过往的"美"人!

2. "月亮化石"的前世今生

——献给我的青春,写于"月亮化石"剧团成立 20 年之际

为什么会突然回忆起自己大学时代的一段"神奇"经历?大概是因为身为教师的我想借本章节提醒读者开启阅读戏剧、小说之旅吧!关注国内大学生社团的人可能有所耳闻:忽然间,"月亮化石"如同一个炙手可热的品牌"明星荧荧"。当然,好孩子总要探寻她的诞生,所以,几年前就隐隐约约地听人说在找首任团长,在追溯"月亮化石"的初心。我和我当年的热血同学们就这样被推上了"月亮化石"的史册,模糊的记忆在你一言我一语中逐渐清晰。比起今天的"月亮化石"人,我实在惭愧!当接到小师弟、小师妹的邀请时,我想我还能为我们原初的梦想——"月亮化石"做点什么呢?思来想去,只得用最平实的文字为大家回忆一下她的前世了。

1997 年,那时候我们大学二年级。那时候我们正值芳华。那时候我们几个人一拍即合,一个叫"月亮化石"的草台班子就这么稀里糊涂地诞生了。又过了一段日子,我们聚集了一帮人,居然煞有介事地开了大会,拍了人员并不齐全的"月亮化石"第一张也是当时唯一的一张大合影。比起今天,当年我们做事真是好生草率。

回想 1996 年,作为一名大学新生,我五味杂陈地坐在教室里,看着进进出出的新同学。看着这间曾经以中学生身份进进出出的教室,对于这里我既熟悉又陌生。这里是我成长的乐土,从幼儿园到大学,我都没有离开过她。至今我还能记得幼儿园时期用来挂小毛巾的、紫色底纹黑色蝙蝠图案的小挂钩;这

里也是我蜕变的沼泽，从无邪到叛逆，我始终未曾离开过她。至今我还记得，进入大学后的我，居然敢在百余人的大课堂上举手向老师提问。我的大学生活势必将酝酿出一个不同以往的我，一个渴望释放自我的我！

新生到来，文学院历来都会举办一场新生晚会。这场晚会通常是来自五湖四海的青年人一次心动的开始，因为大学本来就是充满奇思妙想的最佳时期……曾经在高中，我被老师委派做过一段时间的文学社社长。那时，我就喜欢分角色朗读课文，演绎别人的故事，就这样悄悄成了我的小小爱好。在崭新的人群中，我们可以重新演绎一个自己喜欢、别人也喜欢的自己，扔掉过往的标签，寻找一个癫狂的青年时代。朴树说："在中年的时候却活得像个青年是不易的。"我说："在青年的时候敢于活得像个青年也是不易的。"于是，百无聊赖的我看到了一个同样百无聊赖的她——我大学的第一个闺蜜。"新生晚会我们表演一段《简·爱》吧，反正吹拉弹唱我们都不会，反正我们也没有认识的同学能够组团表演节目。"我说。"好啊！你说演什么就演什么！"她说。就这样，在新生晚会上，她扮演简，我反串罗切斯特，我们的表演引来了"她们是谁？她们是哪个寝室的？"这样的追问，这也引出了我原初的想法：组建一个话剧社团！

正如前面所说，在青年的时候敢于活得像个青年也是不易的。有人质疑说：就凭你，办不成！有人说：有那么多高材生，他们为什么不想办剧团？然而，我骨子里那股"不服气"的倔脾气让我决定迎难而上。于是，我在各个系别中寻来了志同道合的一帮兄弟姐妹，起初就像拉帮结派一样，大家聚在一起，捧个人场，圈个圈子。几个姑娘小伙占山为王，自封名号，凑点粮草，搭起了戏台。最有趣的是，也不知道从哪儿听说化学系有位才子，有些话剧经验。于是，我像个假小子一样连夜赶往会合，心中充满了对"人艺小剧场"的幻想。我尝试走进孟京辉的脑壳，猜想着《思凡》中那个不凡的世界……

尤记得我们的第一场戏：《威尼斯商人》。虽说我们是个民间组织，但对剧本、台词倒是反复推敲改进。导演、主演、剧务等角色一应俱全，舞台场地也

第四章　一月二月：虚实人生，催人反思的小说、戏剧

得到了老师们的鼎力支持。虽然服装道具十分简陋，但对于演戏，我们是认真的。尤记得第一场青春剧：《最后的舞会》。尽管毕业在即，情感却越发浓郁；虽然剧本早已失了踪影，但那晚的轰动确实为"月亮化石"留下了一个深刻的印记……从最初使用别人的剧本到改编世界名著，再由改编世界名著到自我创作，这短短几十个字的背后，却让当年的我们走过了快两年的时间。而我最得意的也就是——我们是用心思和时间呵护着"月亮化石"的成长。娇嫩的她唯有这份不紧不慢的坚持才得以安静地成长。

如今，"月亮化石"已然印证了我们当年的初心——它散发着月亮般的柔和光芒，透露出化石般的历史芬芳！从原初的倔强坚持，到现在的从容自信，她正逐渐在各大高校的舞台上崭露头角，展现在未来已来的世界里……我和我当年的同伴唯愿她能成为青年人梦想的起点，唯愿她能成为更多人群追寻过往、感悟当下、展望未来的舞台……

士不可以不弘毅，任重而道远。共勉。

2017年3月6日

3. 从共性出发，比较阅读，品读小说人物性格复杂性

——以部编高中语文教材整本书阅读《红楼梦》为例

鲁迅评《红楼梦》时曾言："敢于如实描写，并无讳饰，和从前的小说叙好人完全是好，坏人完全是坏的，大不相同。"例如"奸险"人物王熙凤，她身上也展现了聪明、能干、诙谐等优点；即便是对于宝玉、黛玉这样作者内心深为向往的人物，也并没有落入"叙好人完全是好"的窠臼。宝玉的多情和不羁让人黯然伤神，黛玉的耍小性子和整日的幽怨也令人心生烦恼。人物性格无论是"圆"是"扁"，正是通过人物与人物之间复杂的关系、多种事件所展现出来的。然而，如果将纷繁的事件割裂开看，怕是很难感受出人物的整体性格特征。故本文从人物相关的"共性"出发，来探讨一种品读、分析人物性格的阅读方法，这或许也是一种俗白简洁的人物性格分析法。

众所周知，小说中的人物各有其独特的身份地位、职业爱好，这些特征要通过情节（即人物所经历的事件）来反映，正是因为这些因素之间存在交错的关系，人物性格与小说的情节也相互交织，互相影响。为了便于更深入地理解人物性格，我们把人物与人物之间的交集——如共同的身份、共同的人际关系、共同面对的事物等作为人物性格比较的出发点，**在共性中寻找个性**，从而更准确地分析并揭示人物的性格特征。

○ 第四章 一月二月：虚实人生，催人反思的小说、戏剧

一、基于同一身份、同一人际关系，看行为结果，分析性格特征

通览《红楼梦》，我们可以从不起眼的小人物入手——同为官宦人家公子哥的奶妈——拥有共同身份地位的贾琏的奶妈赵嬷嬷和贾宝玉的奶妈李嬷嬷为例，通过仔细阅读第十六回《贾元春才选凤藻宫　秦鲸卿夭逝黄泉路》和第十九回《情切切良宵花解语　意绵绵静日玉生香》等相关章节内容，我们可以将她们的共同点与差异点联系起来看，以如下表格内容为基本思考点：

同一身份	同一关系	事　件	典型行为	结　果	性格特征
奶妈	贾琏的奶妈赵嬷嬷	赵嬷嬷为其子谋职业。	到贾琏家里，正赶上饭点，几经相劝也不曾上桌吃饭；以王熙凤为主事对象，但也不薄贾琏面子。	言行得体，既讨好主事的贾家孙媳妇，也不失身份（其辈分是贾琏的奶妈），最终为其儿子谋得职业。	性情圆滑、言行得体……
	贾宝玉的奶妈李嬷嬷	已退居二线的李嬷嬷进贾府来给贾母等人请安，顺道来看看宝玉。	未经许可进入……，被激怒，不打招呼地喝了元春赏赐给宝玉的，宝玉留给袭人的糖蒸酥酪。	自讨没趣。	易怒急躁、不知分寸……

往往拥有同样的身份地位的人，因为性格性情不一样，遇到事情时的处理方式也就不一样，最终人生的结果也会因此而异。读者通过这样的比较阅读可

以举一反三，学在其中。延伸出去：看李嬷嬷吃酥酪，不吃则已，一吃就彻底吃完，她应该是囫囵吞枣、赌着气一口气吃进了肚子里。其中，丫鬟秋纹、麝月的言行也是可以玩味二人脾性的线索。

二、基于同一人际关系、同一事件，看行为结果，分析性格特征

《红楼梦》中有名有姓的人物多达700余人，大大小小人物近千人之多，其中让读者头痛的就是各个家族、各种辈分的关系。那么，阅读时我们可否尝试先厘清人际辈分关系，然后通过分析同一事件来探究不同人物的性格特征呢？这种一举两得的方法，或许可以给读者带来一点启发。我们就以三对父子关系为例，即贾赦——贾琏，贾政——贾宝玉，贾珍——贾蓉，来观察在教训儿子这一事件中，各自的表现吧！让我们聚焦第二十九回《享福人福深还祷福 痴情女情重愈斟情》（贾珍训子）、第三十三回《手足眈眈小动唇舌 不肖种种大承笞挞》（贾政训子）以及第四十八回《滥情人情误思游艺 慕雅女雅集苦吟诗》（贾赦训子），来分析他们的不同表现。

同一关系	人 物	同一事件/典型行为	性格特征
父子	贾赦—贾琏	（为何事……）训子 贾赦打贾琏：贾赦想娶鸳鸯为妾，被贾母拒绝还挨了一顿骂，讨了个没趣，同时因贾琏不肯用威势治石呆子以罪，拿他的扇子充公变卖，便迁怒于贾琏。脸上打破了两处。 鸳鸯的事与贾琏毫无关系；贾琏对石呆子不肯赶尽杀绝，还算是有一点良知；可是做父亲的因为别的烂糟事不开心，照样随手拿到什么就是什么，朝成年、体面的儿子打过去。	飞扬跋扈、好色之徒……

续 表

同一关系	人物	同一事件/典型行为	性格特征
父子	贾政—贾宝玉	（为何事……）训子 贾政打宝玉：宝玉私交琪官，与忠顺王府"抢"戏子，给贾府带来隐患。而今，忠顺王府派人专程到贾府索要琪官，来者自然不善。索要之人琪官即蒋玉涵不是别人，恰是忠顺王爷身边的红人。那招惹忠顺王府即是一大诱因。 宝玉被贾环诬谤强奸王夫人婢女未遂，导致婢女跳井自杀，使贾政火上浇油。这让贾政后来要下死手将宝玉打死。	道统思想、儒士忠正……
	贾珍—贾蓉	（为何事……）训子 贾珍令小厮当众啐贾蓉：贾府诸人到清虚观去打醮（道士设坛为人做法事，求福禳灾的一种法事活动），贾珍责备贾蓉偷懒乘凉，父亲批评儿子天经地义，但贾珍故意当着小厮们的面侮辱贾蓉，让他无地自容。贾蓉对此一声不吭。	享乐虚荣、自私冷酷……

父训子，人之常情，也是天经地义。但细细比较起来，贾政对宝玉的训诫，与贾赦训贾琏、贾珍训贾蓉的出发点、期望值和价值判断还是有些不同。然而，这也就显示出三个父亲的性情喜好也是有所不同。

三、基于同一身份、同一人际关系、同一事件，看行为结果，分析性格特征

《红楼梦》属鸿篇巨制，博大精深。全书内容品读可以围绕有关人物关系、人物性格、人物命运、多重主题、文化内涵、诗词赏析等任务开展……其中，从同一身份、同一人际关系、同一事件，看行为结果，分析人物性格特征，也是别有一番滋味。而且，这样的事例在小说中俯拾皆是，不仅能提升读者的多文连读能力，更能助其深入理解小说。下面以三

位贾家小姐在抄检大观园时对仆人的态度，以及两位亲戚家小姐（薛宝钗、林黛玉）对待仆人学诗之事的对比为例，略作分析，旨在提示读者，还可以在小说中寻找更多的比较范例，从而更深入地读懂小说人物、读懂小说内涵。

三位贾家小姐在抄检大观园时对仆人的态度（细读第七十四回《惑奸谗抄检大观园　矢孤介杜绝宁国府》）。

同一身份	同一关系	同一事件	典 型 行 为	性格特征
小姐	探春—丫鬟	迎春的大丫鬟司棋和其表亲潘又安在大观园里幽会，被鸳鸯撞见，鸳鸯并未告发司棋。但因傻大姐捡到他们二人遗失的绣春囊，被邢夫人看见。邢夫人想以此为把柄给王夫人难堪，她的陪房王善保家的积极挑唆，由此引出抄检大观园风波。	1. 探春听说有人在抄检各房，她并没有去直接阻止，她能做的是"众丫鬟秉烛开门而待"，大有"请君入瓮"的架势。 2. 当探春问明来意，凤姐回说丢了一件东西，所以到处查访一下，探春冷笑道："我们的丫头自然都是些贼，我就是头一个窝主。既如此，先来搜我的箱柜，他们所有偷了来的都交给我藏着呢。"这绝对是政治家、领导人的风范。你们想动我的人，得先过我这一关。 3. 谁知王善保家的不知道探春的脾性，以为王夫人都给自己点面子，何况探春还是个姑娘家，于是——"便要趁势作脸献好，因越众向前拉起探春的衣襟，故意一掀，嘻嘻笑道：'连姑娘身上我都翻了，果然没有什么。'凤姐见他这样，忙说：'妈妈走罢，别疯疯颠颠的。'一语未了，只听'拍'的一声，王家的脸上早着了探春一掌。"	性情刚烈、敢于担当、傲气直率……

○ 第四章　一月二月：虚实人生，催人反思的小说、戏剧

续　表

同一身份	同一关系	同一事件	典　型　行　为	性格特征
小姐	惜春—入画		探春那么护着自己的丫鬟，不允许让别人动她们一根汗毛，到了惜春这里则完全相反。 1. 惜春的丫鬟入画因为帮哥哥收着一些衣服和钱，被翻出来了，凤姐尚且还没开口说话，惜春先声夺人："这还了得！二嫂子，你要打他，好歹带他出去打罢，我听不惯的。" 2. 不止这样，凤姐说犯一次错也不要紧，亦可饶恕时，惜春再次补刀，说："嫂子别饶他这次方可。这里人多，若不拿一个人作法，那些大的听见了，又不知怎样呢。嫂子若饶他，我也不依。" 3. 惜春还有第三次补刀。第二天她嫂子尤氏来园子里，惜春就说了宁国府的坏话，自己不想跟宁国府那边有瓜葛，还说了昨天抄检之事，让尤氏把入画带走："这些姊妹，独我的丫头这样没脸，我如何去见人。昨儿我立逼着凤姐姐带了他去，他只不肯。我想，他原是那边的人，凤姐姐不带他去，也原有理。我今日正要送过去，嫂子来的恰好，快带了他去。或打，或杀，或卖，我一概不管。"	自私自利、绝情无情
	迎春—司棋		王善保家的在探春那里打了脸，没想到在迎春这里又砸了脚。 迎春的丫鬟司棋是王善保家的外孙女，众人在司棋的箱柜中发现了潘又安给司棋的一封信，还有一些男子的鞋袜。这封信其实就是约着司棋在大观园见面。迎春不语。	胆小怕事、明哲保身

两位亲戚家小姐（薛宝钗、林黛玉）对待仆人学诗之事。

首先介绍一下交集人物——香菱。香菱本名为甄英莲，是乡绅甄士隐的独生女、掌上明珠。然而，命运多舛，香菱在幼年时元宵夜赏灯之际被人贩子拐走，从此饱受苦楚。长大后，她被冯公子相中，想要把她买回家做妻子，本以为终于能够脱离苦海，却没料到人贩子同时又把香菱卖给了薛蟠。薛蟠仗势欺人，打死了冯公子，抢走香菱，逼其成了自己的侍妾。后来，薛蟠欲调戏冷郎君柳湘莲而遭毒打，羞于见人，遂决定外出躲避一年半载。香菱因此得以拥有一段相对自由的时光，恰逢宝钗身边缺少一个称心的仆人，于是提议让香菱陪同自己入住大观园。然而这一段时光，正是香菱最快乐、最自由的时期。在大观园里，她和黛玉一起学诗，度过了短暂而美好的时光。即便是在连贤德妃元春都多次叹息"太过奢靡"的大观园里，香菱也并没有贪图美景和享乐。她不顾主人（宝钗）的反对，近乎痴狂地学习诗歌。读者可以细读第四十七回《呆霸王调情遭苦打 冷郎君惧祸走他乡》和第四十八回《滥情人情误思游艺 慕雅女雅集苦吟诗》，深入了解这段故事。那么，借着香菱学诗，我们来看看薛、林这两位人物吧！

同一身份	同一关系	同一事件	人物	典 型 行 为	性格特征
小姐	主仆	学诗	薛宝钗—香菱	1. 当香菱提出想要学习诗歌时，宝钗断然拒绝。宝钗直言香菱学诗是"得陇望蜀"，交待香菱更应该守好奴仆本分，谨慎解释入住园内的缘由，叮嘱香菱务必要做到礼数周全。 2. 香菱为了学诗不去睡觉，每晚被宝钗多次催促睡觉。可见其苦心。"讲究讨论，方能进步"，就在黛玉的教导下，一点点地进步。宝钗却说："何苦自寻烦恼，都是颦儿引得你，我找她算账去，你本来呆头呆脑的，再添上这个，越发成了呆子了。"	精于人情世故、八面玲珑……

○ 第四章　一月二月：虚实人生，催人反思的小说、戏剧

续　表

同一身份	同一关系	同一事件	人物	典　型　行　为	性格特征
小姐	主仆	学诗	林黛玉—香菱	1. 黛玉也完全没有把主仆身份的鸿沟放在心上，无视封建等级礼教，欣然应允了香菱拜师学诗的请求。 2. 黛玉让她先读《王摩诘全集》，然后读老杜，李青莲，陶渊明，应，刘，谢，阮，庾，鲍等人的一看，不到一年就可以是诗翁了。黛玉善于启发，教其什么必读什么不读，并给予香菱充足的自由性去理解诗词。 3. 从香菱"速成"式地学习诗歌和成果，反观黛玉的教导并没有错，但她未能考虑香菱的身份与实际情况：香菱以奴仆身份陪伴宝钗暂居大观园，根本不可能按照世家千金的方式积累、揣摩、慢慢体悟诗歌，她只能紧紧抓紧这稍纵即逝的好时光，写了一首又一首，练了一遍又一遍……终于"梅花香自苦寒来"！	漠视人情世故、才学出众、热忱善教……

今天我们探讨"从共性点出发，通过比较阅读，品读小说人物性格的复杂性"的阅读方法，除了之前的例子，读者还可寻找更多的比较阅读点，比如"看身边人"这一角度。即：宝玉身边的丫鬟袭人，把他的生活打理得井井有条；黛玉身边的丫鬟紫娟，没事还可以帮她排解情绪，吹吹姻缘之风；而王熙凤的身边人平儿，能帮她斡旋办事，团一个好人缘；再看贾赦之女，小妾所生的迎春，她天性懦弱，可是她房里的大丫鬟司棋却性格刚强、对主子忠诚。司棋胆子大、性子急，曾因到厨房要一碗鸡蛋羹之事就闹得厨房一团糟，还因为和表亲潘又安的感情问题，引出了抄检大观园的风波，结果自己被逐出大观园……

综上，人物复杂的性格特征是随着他们所经历的事件变化而不断演变的，万万不可——对应、生搬硬套，烙印般地看待小说中的各个人物。我们要时刻

记得鲁迅先生对《红楼梦》人物塑造的佳评,这样才能真正品出红楼人物的味道!

参考书目:

冯渊. 高中生如何阅读一部长篇小说——以〈红楼梦〉为例:第 1 版[M]. 南京:南京出版社,2020.

4. 元杂剧《窦娥冤》的教、学新用

"在语文课程中,学生的思维发展和提升、审美鉴赏与创造、文化传承与理解,都是以语言的建构与运用为基础,并在学生个体言语经验发展过程中得以实现的。"(《普通高中语文课程标准2017年版》中华人民共和国教育部制定)"语言的建构与运用"就成了学生不可或缺的学科基础。

在母语教学中,"语言的建构与运用"具有举足轻重的地位。尤其是在古典文学教学时,更是离不开对文学作品本身的深入传授。语言离不开言语,对语言知识的理解与掌握往往依赖于具体的言语教学活动。下面,我们将以《窦娥冤》为例,浅谈对如何依托文本进行学习与思考。

一、依托文本,学习概括信息,提升学生调动旧知的认知能力

保持学生对文本的新鲜感,依托文本,让学生学会主动从文本中提取信息,从而促进语文能力的提升,这确实是教师亟待解决的问题。

通过研读文本,与学生交流,我似乎找到了激发学生学习兴趣的契机。在书写"窦娥"的"窦"字时,我感受到了"卖"的无奈,这与窦娥父亲窦天章因为缺乏上京赶考的盘缠而不得已将女儿"卖"给放高利贷的蔡婆的情节正好吻合。再进一步引导学生回顾窦娥这二十年的经历,让他们尝试概括其一生。所谓"概括",它包含两大要素:一是将具体形象的共同点归结在一起(或表

达具体形象的内容）；二是简明扼要地表达。这种"概括能力"是"分析综合"能力的具体表现之一，也是理解文意的基础。此外，"鉴赏评价"能力更是建立在概括能力的基础之上。

再观窦娥的一生：她七岁被卖，十九岁遭受流氓欺侮，接着被昏官所冤，最后惨遭无情地杀害……将这些事件概括之即是"**被卖、被欺、被冤、被杀**"，它们整齐而冷酷地发生在窦娥身上。通过课堂实践，我们将这些看似无意的文本信息串联起来，使学生能迅速产生对人生命运的深刻关注。从学生的反应来看，"拆字法"不仅让对课文陌生的学生产生了浓厚的阅读兴趣，更有甚者开始琢磨鲁迅先生所说的"悲剧"的"悲"字！

接下来，我利用这四个"被"字，教学生如何在没有任何外界资料辅助的情况下，分析并提炼出所需要的背景材料，如社会背景。这一点确实值得大家深入思考。查阅资料固然重要，但在实际学习过程中，独立阅读，"赤手空拳"地去学习也是常有的事。因此，教师更应教学生如何依靠自己的"拳术"而取得学习上的胜利。根据四个"被"字，学生们不难利用已有的人文历史知识推导出：元代存在人口买卖的现象、流氓横行霸道、官宦昏庸无能、社会颠倒黑白。这正是元代"八娼、九儒、十丐"这一社会背景的生动写照。

此外，在教学中我还补充了"窦"字在《说文解字》中的解释：窦，空也。这一必要的知识补充使得教学内容更加完整，有助于同学们更全面地去体会"窦娥"的悲剧。

二、依托文本，学习整合信息，提升学生整体感悟的审美能力

作为八百年前就已名噪四方的《窦娥冤》，我将贯穿教学的线索定为"对悲剧的理解"。这是一个关于对大悲剧意义的理解，而非仅停留在窦娥一个人的悲剧上。鲁迅先生曾说："**悲剧是将人生有价值的东西毁灭给人看。**"作为中

第四章　一月二月：虚实人生，催人反思的小说、戏剧

国十大古典悲剧之首的《窦娥冤》，为我们揭示了怎样的"人生有价值的东西"和怎样摄人心魄的"毁灭"呢？

这里就需要我们认真地"备教材"，教导学生整合信息，从而提升学生整体感悟的审美能力。我们知道，"元曲包括杂剧与散曲，它们描绘人生百态，抒发内心情感，艺术上具有独特的魅力。"因此，我将教学目标定为**"在品味戏剧语言的过程中，把握人物性格，理解作品内涵"**，这样既能从情节上活跃学生思维，又能从人物分析上激发学生的学习潜质，从而引导学生深入理解作品内涵而不失文本原意。

我将整堂课设计为两个部分，并通过七个问题将其串联起来。1. 回顾剧情，探讨"窦娥"到底遭受了什么冤屈？2. 从"窦娥"的遭遇能否推及元代有着怎样的社会秩序？3. 通过"叫声屈动地惊天"，反映出"窦娥"有怎样的性格特征？又有哪几支曲子能够强烈地体现"窦娥"的性格呢？4. 鲁迅先生所言的"人生有价值的东西"在"窦娥"身上具体指的是什么？又是什么力量将其"毁灭"？5. 让我们再次深入文本，探讨"三桩誓愿"究竟涵盖了哪些内容？6. 在中国文学史上，还有哪些作品有类似这种浪漫主义想象以及夸张的设计呢？7. 最后，在结束语部分，老师将出一个上联，同学们补下联，共同为窦娥写一幅挽联。

第一至第四个问题，旨在让学生**"以角色身份走进戏剧"**，深入体验剧情。第五至第七个问题，则着重于与学生们深入探讨窦娥命运悲剧的社会根源，让学生**"走出戏剧"**。以第三个问题为例，让学生以小组为单位讨论，体会什么是"人生有价值的东西"。在讨论过程中，学生将故事情节分成三个层次："指斥天地""诀别婆婆"和"三桩誓愿"。通过角色朗读、教师范读、学生齐读等多种形式，让不同的曲子产生了不同的情感效果。学生们从宾白、科介、唱词中寻找窦娥的影子，凸显窦娥"① **觉醒、反抗**；② **忍冤顶罪，善良坚强、孝顺忠贞**"的品质。那么，这样一位"善良、孝顺、贞洁"，符合中国传统审美观念的美人，在临刑前又有何表现呢？这里很自然地引导学生进一步探索窦娥

的"誓愿与典故",见板书:

苌弘化碧、望帝啼鹃
飞霜六月因邹衍　　}　③ 善、忠、孝 → "美"
东海孝妇

综上,通过整合以上信息,我们可以很自然地对"如何进行人物形象分析"这一课题做出小结。"**时代背景、剧情发展、人物映衬、语言行为**"等因素就比较容易地被学生提炼出来了,同时,鉴赏审美的方法也得以潜移默化地教授给学生了。

三、依托文本,学习拓展信息,提升学生文化认同的创造能力

通过分析戏剧语言,把握人物性格,深刻体会何为"人生有价值的东西"。然后又如同刀削一般,一点点地毁灭给人看——窦娥一生中的四个"被"(被卖、被欺、被冤、被杀)就是证明。"悲剧"就这样摄人心魄,震撼心灵!在这样的教学过程中,师生相互感染,用经典的文学作品本身去提升学生对生活的感知能力,这未尝不是语文课堂的使命,也是我们在语文课堂上长期努力的方向。

带着"走进"经典的诚心去审视被挑剔的王国维誉为"即列于世界大悲剧中,亦无愧色"的《窦娥冤》,依托文本的语言学习不失为一个好的起点。最后,师生再从三桩誓愿出发,拓展文本的文化内涵,形成以"① 以幻想的方式对黑暗的社会加以发泄;② 留下希望、信心;③ 中国文化传统团圆、圆满的结局,正义战胜邪恶的中国审美心理。"的文化认同,进而产生创造的原始动力!

让我们齐读[耍孩儿]、[二煞]、[一煞]三支曲子,感受并揭示该杂剧的悲剧性,即:

第四章 一月二月：虚实人生，催人反思的小说、戏剧

悲 { 对天地既怀疑又依赖
　　 阶级历史局限性
　　 社会黑暗、昏庸腐朽

叶圣陶先生曾说："学语文为的是用，就是所谓学以致用。"最后，若我们能和学生们一起为窦娥写幅挽联，为元代社会画个像，这岂不是在青年学生们心里进一步埋下了文化认同和再创造的种子吗？学以致用，方能水到渠成。于是，学生作品"贞节敬孝，哀怨感天雪飞六月；刚烈抗争，悲愤动地亢旱三年"跨越800年后终于问世！

在"不差钱"的信息社会，借用外部资源似乎成了大家思维的惯性，大家似乎已经不习惯"依托文本"来思考问题了，仅仅是因为现在大家"不差钱"、大家有的是网罗世界的"网络"吗？在此，我并不否认在教学中借用、参考各种资料从而拓宽教师、学生视野的优势，但我想提醒的是：千万别忽视引导学生对文本本身进行深入研究与挖掘，从概括、整合、拓展信息到培养认知、审美和创造能力，训练学生独立思考的能力。

（此文发表于《教育参考》2018年9月，略有改动）

5. 阅读成长记录单

1. 本章是和读者探讨阅读小说、戏剧的一般阅读方法,那么我们可否通过学习后自己也小试牛刀,用文字做一点阅读思考的再现呢?

《红楼梦》描写的日常生活涉及面极广,大者包括建筑园林、禽兽花木,小者有家居摆设、日用器具。与物质生活相关的有饮食服饰、医药养生,与精神生活相关的有诗戏曲杂技、诗词曲赋、音乐绘画、书法尺牍、灯谜联额、酒令笑话等。其中的日常生活场景都能折射出中国古典文化内涵,读者可以选择其一,并以"《红楼梦》中的_____"为题目,尝试写一篇短文。

分析原著描写这些日常生活的文学目的,是要从这些器物礼俗等看懂对小说场景的描绘、人物形象的塑造、故事情节的推进等方面的微妙作用,万万不要陷入单纯研究器物礼俗去了。

2. 《红楼梦》中诗词歌赋自然是阅读亮点,对其感兴趣的读者可以尝试着对比阅读公子佳人的诗作,有音乐美术才华的读者还可以根据章回内容为其谱曲、作画。

附:《红楼梦》中林黛玉名下作品

所在回目	作品名称
第十八回	《世外仙源》《杏帘在望》(代宝玉)(五律)
第二十一回	续书一绝(七绝)
第二十二回	作偈一首
第二十四回	《葬花吟》(七言歌行)
第三十四回	《题帕三绝》(七绝)

○ 第四章 一月二月：虚实人生，催人反思的小说、戏剧

第三十七回	《咏白海棠》（七律）
第三十八回	《咏菊》《问菊》《菊梦》《螃蟹咏》（七律）
第四十五回	《秋窗风雨夕》（七言苦歌行）
第五十回	（咏雪）芦雪庵联句（五言）
第六十四回	《五美吟》（七绝）
第七十回	《桃花行》《唐多令·柳絮》
第七十六回	（中秋夕）黛湘联句（五言）

附：《红楼梦》中贾宝玉名下作品

所在回目	作　品　名　称
第十七回	题匾作对：沁芳、有凤来仪、杏帘在望、蘅芷清芬
第十八回	《有凤来仪》《蘅芷清芬》《怡红快绿》（五律）
第二十一回	《续南华经》
第二十二回	作偈一首并填《寄生草》一支
第二十三回	（四季即事诗）四首（七律）
第二十八回	《红豆曲》（创作并演唱）（杂言古体）
第三十七回	《咏白海棠》（七律）
第三十八回	《访菊》《种菊》《螃蟹咏》（七律）
第五十回	《咏雪》（芦雪庵即景联句）（五言）《访妙玉乞红梅》
第七十回	《南柯子·柳絮》半首
第七十八回	《姽婳词》（七言歌行）《芙蓉女儿诔》（诔文并序与歌）
第七十九回	《咏紫菱洲》（七律）

3. 查阅《红楼梦鉴赏辞典》（孙逊主编，汉语大词典出版社）、《红楼梦大辞典》（冯其庸、李希凡主编，文化艺术出版社）、《红楼采珠》（薛瑞生，百花文艺出版社，1986）、《红楼梦诗词曲赋鉴赏》（蔡义江，中华书局，2001）、《高中生如何阅读一部长篇小说——以〈红楼梦〉为例》（冯渊著，南京出版社，2020年7月第一版）等书籍，挑选你喜爱的章节做旁批或记录读后思考。

【感想感言】

第五章

三月四月

生如逆旅 诗人诗情触及柔软与坚强

"凡心所向，素履以往，生如逆旅，一苇以航。"（《尘曲》七堇年）只要我心向往的地方，我向来是要去的。人生在世好似人在旅途，驾一片苇叶任意航行……诗一样的回旋，唯美而又孤寂的表达。望人心不被利诱，用诗歌撑起美的传承，带我们去往凡心所向之地……民族的延绵离不开文化的自信，中国古典诗歌踽踽前行的声音，让我们听到中华民族独特的审美呼唤！选取几个切入点，一起从古诗读起……

1. 民族绵延离不开文化自信

我们都喜欢取整数来庆祝或是纪念某个特定的日子。2018年末，2019年初，随着改革开放40周年的步伐，我们迎来新中国成立70周年的盛世！此时，我想和大家聊聊2019年开年的一首歌和一件事。

一首歌是由现代流行歌手，毕业于四川音乐学院的陈柯宇，花了半年时间作词作曲并最终演唱的《生僻字》。一时间"茕茕孑立、沆瀣一气、踽踽独行、醍醐灌顶"这些生僻字让世界都认识了我们中国的汉字，"我们中国的汉字，落笔成画留下五千年的历史"。中国字妙就妙在"四方田地落谷成仓，古人象形意辨恶良"，如"魑魅魍魉魑魅魍魉"，鬼字底让人不寒而栗却又顿生豪气！有文化根基且接地气的东西总是易于传播的，而今这首歌火到了日本，"生僻字"的日语版叫做《四字熟语》，歌曲展示的是日语中的中国成语发音。由于日语中的四字熟语大多由中文演化而来，读音保留了不少我们的吴音、汉音和唐音，可见汉文化的古老与青春，内敛与张扬！这应该是我们所有中国人的骄傲，也是我们所有人求学、为人的根基！无论是生僻字还是通用字，写好中国方块字都是当务之急，无论你是预备班的学生还是初、高三的同学，都应重视这一点。

一件事：2019年开年第一展，当属在东京国立博物馆举办的颜真卿特展。颜真卿，我国唐代大书法家，此次大展轰动日本，整个展览汇聚了177件中日两国的书画珍品，除了颜真卿早、中、晚期的书法代表作，宋四家"苏黄米蔡"也全部聚齐。自80年代以来一直被认为早已毁于战火的北宋《五马图》、以及为真伪辩论了大半个世纪的"天下第一草书"《自叙帖》都惊现于该展！关于特展前人们非议的台湾故宫博物院是否应该将几百年前的纸张远渡日本，我们暂不置评。我们只需关注这送出去的和引进来的文化珍品——大家应该还记得2017年暑假期间，大英博物馆送到上海博物馆的100件藏品，均引爆人们对文化的热情；我们也暂不讨论这送出去的和引进来的藏品等级，我们先要感到欣慰的是，中国人的文化修养在逐步提升，中国文化在人类文化史中有着不可小视的历史地位！这足以让我们对自己的文化充满自信！

有了文化自信，我们还应从"传承民族文化与把握民族命运的关系"来看待今天我们如何尊重并传承我们的民族文化。我们要认识到传承自己民族的文化与把握自己民族的命运是息息相关的。

先看看我们的邻邦：印度独立运动的领袖甘地（1869—1948）在20世纪领导印度摆脱英国殖民统治。当时，印度著名作家、诗人泰戈尔等人就开始讨论，摆脱殖民后的印度应该靠什么来管理国家？有人说应该用英国人的方法，因为大家既熟悉又认为它有效。但是有人就会想：既然如此，我们何必进行这么艰难的斗争？维持现状不就好了吗？如若新建立的国家还是沿用异国的文化思想，那就将会是一种"次殖民地"的状态。另一种声音是，我们印度是一个伟大的民族，我们应当用自己的文化来管理新的国家。一个民族如果只会去认同别的民族文化，而放弃了自己的民族文化，那等待它的一定是文化的"消亡"。

所以，一个民族的绵延跟这个民族的文化密不可分。我们有理由让我们自己遵循民族文化的本质，将民族文化的精髓融入我们的血脉中去！中华民族的文化瑰宝甚多，本章，就让我们从中国古诗入手，让我们热爱并传承我们自己独特的表达方式吧！

2. 阅读古诗词的重要能力：你能"触景生情"吗？

——以"水性"与"人情"为例

谈及古代风雅别致的诗歌，聊起法无定法的诗歌鉴赏，很多高中生总有些丈二和尚摸不着头脑。然而在高中语文教学中"诗歌鉴赏"却是重要的能力之一。要读懂古诗，势必要对古人"借景抒情"的手法有"触景生情"的敏锐感知或是共情能力。

从语文的社会性功能来说，我们可以从中国文化遗产、中国传统文化等方面的教学入手，使学生对古诗产生神秘感、向往感。在实践教学中，我们可以通过利用诗歌中的自然属性，配合学生的观察思考能力，来提高学生的兴趣和鉴赏能力。下面，我们就以古诗中的"水性"与"人情"为例，以"水"带面，谈谈如何培养高中生的诗词鉴赏能力。

一、偶得的欣喜

在一次学科学习调查中，我发现许多学生对自然景物中的"水"情有独钟。实际上，诗歌本身就是古人触景生情的媒介，我们何不深入探讨"水性"与"人情"的关系，研究古人是如何借"水"抒情的呢？这对于我们理解古诗词中的难点——"含蓄的景情关系"，无疑是一个较好的突破口。

进入高中阶段，教师常常会让学生整理、梳理所学文本。为了让这项工作更有针对性和实效性，即：**指导学生收集并整理教材或是课外资料中关于"水"的记载**。这样不仅可以加深学生对教材的熟悉度，还能引导他们初步思考"水"在文学中的意义。庄子云："世之至美，莫若秋水。"他将水的明净与柔美展现得淋漓尽致。在漫长的历史长河中，人与水之间发生过哪些故事呢？参考材料如下：

1. 大禹治水得以"地平天成"。

2.《诗经》中记载，劳动人民很会利用水，如《伐檀》"坎坎伐檀兮，寘之河之干兮，河水清且涟漪。"人们用水来运输。

3.《三国演义》中许攸向曹操献计，以水淹冀州城；关云长放襄江水淹魏七军。

4. 抗日战争初期，节节败退的蒋介石试图以水代兵来阻止日寇南下，竟下令炸开郑州以北花园口的黄河大堤，结果非但没能阻止日寇进攻，反而使豫、皖两省三千多平方公里尽成泽国，数十万百姓惨被淹死。

……

正是因为水的自然属性，才使得人们展现出独特的"智慧"。那么，"水"刚柔相济、变幻莫测的性情在文人眼中又意味着什么呢？学生们开始对文学作品中的"水"感兴趣了。在此基础上，我将整理范围缩小至"中国古代诗词"，一方面可以使讨论范围更聚焦，另一方面又能让学生整理积累更多的诗词。我引导**学生再次收集并整理相关资料，这种二次整理是必要的**。参考材料如下：

1. 宋朝大文豪苏东坡说："欲把西湖比西子，浓妆淡抹总相宜。"

其《赤壁赋》描写水的句子有：

（1）"苏子与客泛舟游于赤壁之下。清风徐来，水波不兴。"**（水的平静）**

（2）"纵一苇之所如，凌万顷之茫然。浩浩乎如冯虚御风，而不知其所止；飘飘乎如遗世独立，羽化而登仙。"**（以船的自由航行反衬水的流畅，展现水的流速之快）**

(3)"歌曰：桂棹兮兰桨，击空明兮溯流光。"**（用水的反射性将景物融入诗中）**

(4)客遥想曹操在赤壁之战前夕，夜间乘月观江景所作《短歌行》。（想象曹操眼中水的**汹涌澎湃**之态）

(5)客遥想赤壁周郎的赫赫战功与自己平凡须臾的一生，感慨"寄蜉蝣于天地，渺沧海之一粟！哀吾生之须臾，慕长江之无穷。"**（以水的生生不息，连绵之态来抒发人生感慨）**

2.清代曹雪芹也在《红楼梦》中借贾宝玉之口说，女子是水做的，男人是泥做的。这也是因为女性具有柔和的一面。

……

在做好前期探究铺垫工作后，学生对"水"的兴趣逐渐升温，于是趁热打铁，再继续探讨这"水性"中的"人情"。

二、一滴"新鲜水"，激起鉴赏"千层浪"

（一）畅谈

我们通过对自然景物（水）特性的讨论，感悟其中的人文精神，增强学生的情感体验，进而提高学生的古诗鉴赏能力。从古代诗歌中领会由景到情，由物性到所抒之情、所达之志的内在联系。课堂上可以通过摹写字形、聆听自然中的水声（如声音素材：小溪、瀑布、海滩、潮汐），畅谈自己的联想……

庄子云："世之至美，莫若秋水。"大文豪苏东坡说："欲把西湖比西子，浓妆淡抹总相宜。"王维在《山居秋暝》中写道："空山新雨后，天气晚来秋。明月松间照，清泉石上流。"那么，是什么打动了万物之灵——人类的心呢？是自然景物的特性与作者的个性、遭遇产生了共鸣。

（二）研究

1. 水的特性——柔和

乍想来，水总是柔和的，从指缝中划过，一种温柔曼妙的感觉占据了我们的感官。

《咏　水》
骆宾王

列名通地纪，疏派合天津。
波随月色净，态逐桃花春。
照霞如隐石，映柳似沉鳞。
终当挹上善，属意澹交人。

诗词赏析：面对同样静谧的水景，不同的人有不同的感触。诗人抓住了水柔和、平静和接壤天地的特点，认为水的地位是崇高的，是连通天纲地纪的载体；水又是有志向的，最终汇合于天际。通过赞美水，骆宾王表达了他对理想君子人格的追求——静谧中胸怀天下。

2. 水的特性——刚烈

除了溪水的柔和，我们还听到了波涛汹涌的海浪声，深切感受到了水刚烈、勇猛的一面。面对这种激愤的声音，学生们联想到了勇气、志向、抱负。那么，古代文人是如何表达这番情感的呢？我们学过哪些表达这些情感的诗词？

如：

（1）
《步出厦门行·观沧海》
曹　操

<u>东临碣石，以观沧海。水何澹澹，山岛竦峙。</u>树木丛生，百草丰茂。秋风萧瑟，洪波涌起。日月之行，若出其中；星汉灿烂，若出其里。幸甚至哉，歌以咏志。

诗词赏析：建安十二年五月，曹操北征乌桓，追歼袁绍残部。九月自

○ 第五章 三月四月：生如逆旅，诗人诗情触及柔软与坚强

柳城胜利回师，经过渤海碣石山时作此诗。他描绘了波涛汹涌的大海图景，想象丰富，气势雄浑，不仅写出了壮丽风光，还表达了诗人奋发乐观的精神。

（2） 《念奴娇·赤壁怀古》

苏 轼

大江东去，浪淘尽，千古风流人物。故垒西边，人道是：三国周郎赤壁。乱石穿空，惊涛拍岸，卷起千堆雪。江山如画，一时多少豪杰。

遥想公瑾当年，小乔初嫁了，雄姿英发。羽扇纶巾，谈笑间，樯橹灰飞烟灭。故国神游，多情应笑我，早生华发。人生如梦，一尊还酹江月。

诗词赏析：苏轼即景抒怀，悼古伤今，抒发了他对古代英雄业绩的向往和对自己不能建功立业，施展抱负的忧愤心情。上片中，英雄的气概与长江的汹涌形成共鸣。

（3） 《行 路 难》

李 白

金樽清酒斗十千，玉盘珍羞值万钱。停杯投箸不能食，拔剑四顾心茫然。欲渡黄河冰塞川，将登太行雪满山。闲来垂钓坐溪上，忽复乘舟梦日边。行路难，行路难，多歧路，今安在？<u>长风破浪会有时，直挂云帆济沧海</u>。

诗词赏析：水的博大气势使诗人产生了勇往直前的勇气。此诗抒发了作者在政治道路遭遇艰难时所产生的不可抑制的愤激之情，但他并未因挫折而放弃远大的政治抱负，仍盼着有一天能施展自己的才华。从而表现了诗人对人生前途乐观豪迈的气概。全诗充满了积极浪漫主义的情调。

3. 水的特性——变幻莫测

水刚柔相济、喜怒无常，让人记忆犹新。水因清纯而映射万物，因博大而包容万物。在探讨水的这些物性之余，让我们再看看与之相关的诗词，感受诗人们如何通过文字描绘水的神韵。

(1) 　　　　　　　　《登岳阳楼》
　　　　　　　　　　　杜　甫
　　昔闻洞庭水，今上岳阳楼。吴楚东南坼，乾坤日夜浮。
　　亲朋无一字，老病有孤舟。戎马关山北，凭轩涕泗流。

　　诗词赏析：大历三年（768）冬，杜甫漂泊湖湘一带，登岳阳楼而作此诗。时年五十七岁，患肺病及风痹症，左臂偏枯，右耳已聋。诗中"吴楚东南坼，乾坤日夜浮"一联，雄伟壮阔，与孟浩然"气蒸云梦泽，波撼岳阳城"同为咏洞庭湖名句。然孟浩然诗后半篇稍弱，杜诗则通体完美，"气压百代，为五言雄浑之绝"（刘辰翁《批点千家注杜诗》卷一五）。

　　首联虚实交错，今昔对照，从而扩大了时、空领域。昔年天下未乱时，诗人听说洞庭湖雄奇壮丽，如今居然登上岳阳楼了，眼前就是洞庭湖啊！用"昔闻"为"今上"蓄势，归根结底是为描写洞庭湖酝酿气氛。颔联写洞庭湖坼吴楚、浮日月，波浪掀天，浩茫无际！这一联的妙处还在于反跌颈联："亲朋无一字"，得不到精神和物质方面的任何援助；"老病有孤舟"，从大历三年正月自夔州携带妻儿、乘舟出峡以来，既"老"且"病"，漂流湖湘，以舟为家，前途茫茫，何处安身，面对洞庭湖的汪洋浩渺，更加重了身世孤危之感。写景如此壮阔，自叙如此落寞，于诗境极阔极狭的突变与对照中寓无限情意，令人玩索不尽。而身世孤危的根本原因，在于朝政不修，战乱频频。因而身在岳阳楼，神驰"关山北"，水到渠成般引出尾联。

　　——节选《唐诗鉴赏辞典》，2003 年 8 月第一版，上海辞书出版社

(2) 当我们谈到水的无穷无尽时，很容易让人联想到人世的愁思绵长、人生的感慨以及人类历史的长河等。杨慎的《临江仙》便是对此的最佳诠释：

　　　　　　　　　《临　江　仙》
　　　　　　　　　　　杨　慎
　　滚滚长江东逝水，浪花淘尽英雄。是非成败转头空，青山依旧在，几度夕阳红。

白发渔樵江渚上，惯看秋月春风。一壶浊酒喜相逢，古今多少事，都付笑谈中。

为什么是电视剧《三国演义》的开篇语？诗词赏析：三国时期风云变幻，人才辈出，历史因这些英雄人物的涌现而滚滚向前，正如长江之水滚滚东逝。人类历史长河永不停息，没有止尽。个人如沧海一粟，本来渺小，但是也可将短暂的人生献于时代，为推动社会发展贡献一点力量。

（三）体验

水的"柔和"让人静思，水的"刚烈"催人奋进，而水的"变幻莫测"则扣人心弦。经历了这样的审美体验，让我们懂得了物性种种无非就是人情显现，学习古代诗歌既让学生欣赏了文学之美，也让学生有了"触景生情"的体验。

有了对于"水"的分析，我们可以让学生由此生发出去：让我们来欣赏一段自然风光，看能否从这些并无情感的自然景物中展现出我们的人情。然后用收集的诗文来表达我们对物性与人情的理解（山、花、月等），这一定是一种学习的飞跃。"仁者乐山，智者乐水"，生活中有着无穷的事物，只要我们抓住它的特性，联系自己的情感，就能发掘出身边的美并产生共鸣，创造出属于我们自己的文字。

这也许只是一种阅读诗歌的方法，大家不妨试试。让我们爱上自然之景，读懂诗歌之情，恋上博大精深的诗歌文化！

3. 弦外之音　味外之旨
——浅谈中国古诗的"含蓄美"

美国纽约市的语文综合课程纲要曾经强调，纽约地区从幼儿园开始就要教学生讲故事、朗诵诗歌，从小学一年级就开始提出了"提高欣赏文学能力"的要求。随着我国教育教学改革的深入推进，高中语文教学对于古诗词的教学要求越来越倾向于"鉴赏"能力的培养。但是，这种能力的提升决不是一朝一夕就能速成的，也不是考前熟读鉴赏辞典就能切中要害的。因为"鉴赏"能力需要学生首先要能读顺，其次要能理解，第三要能领悟，最后也许才能对古诗词掌握一二，略懂欣赏其中的韵味。

我们常说，中国人表达感情的方式趋于"含蓄"。在古诗词中，这种含蓄之美尤为显著。中国人在特有的文化背景下，结合自己的思想感情，创造出独特的艺术境界，以此表达他们对人生、社会、宇宙等诸多方面的看法。在中国文学批评史上，诗被赋予了诸多美妙的比喻。赵执信曾经补正："神龙者，屈伸变化，固无定体，恍惚望见者，其一鳞一爪，而龙之首尾完好，故宛然在也。"清人王国维亦言："词以境界为最上，有境界则自成高格。"要读懂这境界，首先之务便是深入理解诗人所表达之意，体会那蕴含在诗词深处的含蓄之美。

这里我就从中国古诗入手，从唐代朱庆馀那首饶有趣味的《闺意献张水部》出发，和大家共同品鉴古诗中的"含蓄美"。

○ 第五章 三月四月：生如逆旅，诗人诗情触及柔软与坚强

闺意献张水部

唐　朱庆馀

洞房昨夜停红烛，待晓堂前拜舅姑。

妆罢低声问夫婿：画眉深浅入时无？

　　这首诗又题《近试上张水部》。唐代进士科举的士子有向名人行卷之风，期望得到名人的称扬与推荐。朱此诗的投赠对象是张籍，张籍擅长文学、乐于提拔后进，且与韩愈齐名。朱担心自己的作品不一定符合主考官的要求，故以新妇自喻，以新郎比张籍，公婆喻主考，借此诗来征求张的意见。

　　诗中情景栩栩如生：新妇第二天早晨拜见公婆，前一夜红烛通夜点着，由于拜见是一件大事，故她早早起身就忙于梳洗打扮，静待天明，好去行礼。这时，她心里犯起嘀咕，自己的打扮能否讨得公婆欢心？于是，在诗的三四句中，表现出了她由此心理而产生的低声羞涩问夫君的一系列动作。她轻声细语，面带羞涩："眉毛画得可还妥当？"这一幕刻画得细腻入微，简单之中又不失遐想空间。若仅仅从"闺意"角度欣赏，此诗已是动人。然而，作者本意却是对政治前途的不安与期待。正如一女子如果得到公婆喜爱，那么她的家庭地位就稳固了，科举亦是如此。如今回首，我们不得不赞叹这一箭双雕之技。

　　这种旨在询问仕途却又假借新婚夫妇含情脉脉的对话形式，让人读来颇有回味猜测的乐趣。正如莱辛在《拉奥孔》中所言："艺术家的作品不让人一看了事，还要玩索。"含而不露，却又让你窥见一线端倪，在玩索的过程中让你欲罢不能。有的诗句可能"不着一字"，有的却可能"一字传神"。那么，在高中语文教学中，我们可以引导学生们从以下几点入手，细细"玩索"古诗中的"含蓄美"。

一、含蓄美的载体

（一）叙事寄理，抒发情感

泊秦淮

杜牧

烟笼寒水月笼沙，夜泊秦淮近酒家。

<u>商女不知亡国恨，隔江犹唱《后庭花》</u>。

本诗为我们展示了秦淮河穿过城中长江，两岸酒家林立的场景，这是当时豪门贵族的享乐之地。两个"笼"字将"烟、水、月、沙"四者融合在一起，绘成淡雅水边夜色之景。迷蒙冷寂的气氛是那么的浓烈。首句先声夺人，"近酒家"触动了诗人的情怀，启动了感情的闸门。

三、四句："商女不知亡国恨"，乃是曲笔，不知"亡国恨"的是指那些在欣赏乐曲的贵族、官僚。《后庭花》是荒淫误国的陈后主所作的靡靡之音。而当今朝廷官僚、贵族们喜欢听这样的曲调，莺歌燕舞的背后，诗人想表达的意思不言而喻。

诗人感叹：如今在这衰世之年，不以国事为重，反用这靡靡之音来寻欢，怎能不让读者产生历史又将重演的隐忧呢？婉曲轻利中表现出辛辣的讽刺，深沉而悲痛。（参见《唐诗鉴赏辞典》，上海辞书出版社）

看似描述一个欢快的夜晚，实际上我们好似感受到了诗人隐隐作痛的心灵，感受到了封建知识分子对国事怀抱隐忧的心境，这种含蓄的表达同样也是对衰败的晚唐现实生活的写照。这难道不是"含蓄"的力量吗？

让我们再来欣赏一首杜牧的诗。

过华清宫绝句三首（其二）

杜牧

新丰绿树起黄埃，数骑渔阳探使回。

○ 第五章　三月四月：生如逆旅，诗人诗情触及柔软与坚强

霓裳一曲千峰上，舞破中原始下来。

吴乔《围炉诗话》云："诗贵有含蓄不尽之意，尤以不著意见声色故事议论者为最上。"此诗将强烈的讽刺意义以含蓄手法出之。"霓裳一曲千峰上，舞破中原始下来"不著一字议论，便将玄宗的沉溺享乐、执迷不悟刻画得淋漓尽致，让人不禁产生历史的联想。轻歌曼舞纵不能直接"破中原"，但中原之破却实实在在是由统治者沉醉歌舞所致。全诗戛然而止，余味无穷。含蓄之美中所散发出的力量可见一斑了。

（二）借物造景，由景生情

行　宫

元　稹

寥落古行宫，宫花寂寞红。

白头宫女在，闲坐说玄宗。

诗中的宫女即是上阳白发人，她在天宝末年被"潜配"到上阳宫，这一关就是四十年，诗人借此倾诉了宫女无尽的哀怨之情，寄托了自己深沉的盛衰之感。这寥寥二十个字，真可谓"以少总多"（即指我古代诗歌讲求精练，写景、言情、叙事字少而意多），展现了行宫的空虚冷落。尽管宫中红花依旧盛开，但宫女们却只能闲坐叙说天宝遗事，倍感凄凉。当年如花似玉的美人，如今已红颜憔悴、白发苍苍。她们凄凉的身世，哀怨的情怀，以及盛衰的感慨，皆从这精炼的写景、言情、叙事中渗透出来。乐景与哀景并陈，以对立的角度反衬心情，利用良辰美景与愁苦心境相对比，寥寥几笔便描绘出了时移世迁的盛衰之感。

正如宋人洪迈在《容斋随笔》中所说，这首诗"语少意足，有无穷之味"。我们不得不感叹这含蓄美给人带来的震撼！

（三）借用修辞，表情达意

在古诗创作中少不了运用修辞，如象征、比拟、借代等，这些修辞手法为诗词增色不少，同时也为我们读者提供了一种鉴赏的方法。在修辞的背后，我

们更能感受到诗词含蓄的感染力。

乌 衣 巷
刘禹锡

朱雀桥边野草花，乌衣巷口夕阳斜。

旧时王谢堂前燕，飞入寻常百姓家。

面对这一首家喻户晓的古诗，我就不再赘述了。其意境深远，语言简练，充分展现了刘禹锡独特的艺术风格。

二、含蓄美的外在形式

含蓄美就文人来说，叫："言有尽而意无穷"；就画师来说，叫："意到笔不到"；就乐师来说，叫："手挥五弦，目送飞鸿"；就戏曲表演者来说，叫："三五人千军万马，三五步千山万水"。艺术上的含蓄，都是通过典型化的手法，选取一个具有典型意义的生活片断，予以描绘，从而"以少总多"。

（一）含蓄美有时体现在"一字传神"

过华清宫绝句三首（其一）
杜 牧

长安回望绣成堆，山顶千门次第开。

一骑红尘妃子笑，无人知是荔枝来。

此绝句乃杜牧过骊山华清宫时心生感慨所作。华清宫，是玄宗、杨贵妃寻欢之所。诗人借此典型事件，深刻鞭挞了玄、杨二人骄奢淫逸的生活，达到了"以微见著"之效。细品诗中深意：

(1) 山景如画，花草繁茂，楼阁其间，宛如锦绣团簇。

(2) 宫门次第而开，驿马疾驰而来，不知情者误以为是国家紧急之事。

(3) 宫外驿马风驰电掣，宫内妃子嫣然一笑，这其中饱含悬念。

（4）谜底揭晓，原来是因为妃子爱吃荔枝，帝王为讨美人一笑而如此兴师动众。

我们教师在指导学生赏析此诗时，可以从故事入手，设疑引思，如："千门"为何而开？"一骑"为何而来？"妃子"又因何而笑？学生们经过热烈讨论与深入理解后，必能体会出此诗的含蓄、精深，体会其不明说而意全在的妙处，从而揭示皇帝为博妃子一笑无所不为的荒诞行径。此诗朴素自然，寓意深远，含蓄有力。真可谓应了王国维在《人间词话》中所述之语："一字落下，境界全出"。

（二）含蓄美的极致——"不著一字，尽得风流"

无言之处，恰如国画中的留白，看似无内容，实则咫尺万里，情溢纸外。让人产生一种探寻美的欲望。正如严羽（唐）在《沧浪诗话》中所言："如空中之音，相中之色，水中之影，镜中之象，言有尽而意无穷。"

让我们一同来赏析李白的《玉阶怨》。

玉 阶 怨

李 白

玉阶生白露，夜久侵罗袜。却下水晶帘，玲珑望秋月。

诗中虽题有"怨"，但全文中却不见一个"怨"字。看那诗中之人，无言独立玉阶，任由夜露浸湿罗袜，虽不说人之幽怨却如诉如泣。

夜深了，怨也深了。由帘外至帘内，人儿不忍使月孤寂，而月却让人心生悲凉。"却下"二字，传神至极，夜深人静，怨意难消，无奈入室，然室内亦难解凄苦无眠之夜，忧思徘徊不已。全诗无一字直接写"怨"，却让人深深感受到了如李清照"寻寻觅觅，冷冷清清，凄凄惨惨戚戚"般的忧愁。

诗中不见人物姿容，亦无直接描写人物心理，为读者留下了无尽的想象空间，使诗情幽远，正可谓"不著一字，尽得风流"。以叙人、事之笔抒发人、事之情，固然易行，但以抒情之笔状人、事之叹，则更为难得。实在妙哉！

正如《诗人玉屑》中所总结："贵在意在言外，使人思之得之"。当我们品读过这么多千古名诗后，当我们领略过中国文人的"弦外之音，味外之旨"

后,对于中国诗歌的留白与含蓄之美,也应该有所领悟。在"玩索"的过程中,我们便可以读出这"含蓄"的韵味,这中国古诗词的独特魅力。

在读古诗的时候,我们的语文教师应引导学生注意以下三点:

(1) 知人论世(借人、物、事、境来品诗歌"含蓄"之美。)

(2) 思而得之(通过品读一字传神之处而领悟其深意。)

(3) 言外之意(体会诗歌中"此时无声胜有声"的境地,看到言外之意,听到弦外之音,品到味外之旨。)

又如:

望洞庭湖赠张丞相

孟浩然

八月湖水平,涵虚混太清。

气蒸云梦泽,波撼岳阳城。

欲济无舟楫,端居耻圣明。

坐观垂钓者,徒有羡鱼情。

这是一首干谒诗。玄宗开元21年,孟浩然西游长安,写此诗赠予当时在相位的张九龄,目的是希望得到张的赏识和录用,但为保持身份,写得颇为委婉。

①②句描绘秋水盛涨,八月的湖水涨得满满的,远望水天一色。汪洋浩阔与天相接,润泽千花万树,容纳大小河流。

③④句实写湖,洞庭湖水蓄积丰厚,仿佛整个的沼泽地带都受到湖水滋养,"波撼"二字更衬托出湖的澎湃动荡。

⑤句从眼前景色触发感慨,诗人面对浩浩湖水,想到自己在野之身却无人引荐,正如想渡湖而无舟楫一般。

⑥句表明诗人在圣明时代不愿闲居。虽为隐士,但出仕之心尚存。

⑦⑧句诗人则巧用《淮南子·说林训》中的古语"临渊羡鱼,不如退而结网",措辞不卑不亢,不露寒乞相,显得尤为委婉含蓄。

(参见《唐诗鉴赏辞典》,上海辞书出版社)

○ 第五章　三月四月：生如逆旅，诗人诗情触及柔软与坚强

　　此时，我们也许深刻体会到了"弦外之音，味外之旨"所表现出的中国古诗的无尽魅力！文人创作中为何要用"含蓄"？是因为"含蓄"的表达方式可以让读者更好地参与到作品的再创作中来，从而使人获得"思之得之"的愉悦感受！

　　《射雕英雄传》中，郭靖弯弓射大雕的雄姿依然历历在目，那张撑得满满的弓让我们感受到了一股蓄势待发的力量；辛弃疾的"欲说还休，欲说还休"，则让我们感受到了"为赋新词强说愁"的无奈与挣扎；至于那位"犹抱琵琶半遮面"的女子，尽管她的乐声千古流传，然而又有谁能真正描摹出那女子的模样呢？这正是在掩映之中，给予了我们读者无尽的想象空间。用一个词表达，这就是——含蓄美。含蓄，是一种追求蕴藉美的滋味，一种独特的艺术鉴赏情趣。[①] 对于中国古代诗歌而言，含蓄的表达方式让我们感受到了一种再创造的力量。这种含蓄美将激发我们所有的文化积累，引导我们用心去体会诗词中的奥义！

　　那么，是不是铺陈直叙，直接抒情的作品就逊色呢？当然不是。杜甫的"白日放歌须纵酒"，汉乐府《十五从军行》等作品，都是直接抒情的典范。作者根据不同的抒情需求，直接表达狂喜、痛恨等情感，从而引起读者的共鸣，同样能使作品名传千古！只是，这种表达方式并不属于本文探讨的主要范畴。

---

① 许理绚，夏太富. 中学语文审美教育研究：第1版 [M]. 上海：上海教育出版社，1994：131.

4. 一种迷醉心怀的智慧

——从苏轼哲理诗感受古诗"哲理美"

武汉大学美学博导陈望衡认为，在语文教学中可以不重确解，只需从方向上引导，让学生充分发挥主观能动性，多角度、多层次地去领会作品中的意味。这实际上是一个如何引导学生利用拓展性思维进行拓展阅读的过程。人是一种既感性又理性的动物，我认为在高中语文教学中应充分利用那些能够激发学生哲理思考的读物，以提升学生的思维水平。《中国教育报》曾这样论述："有了哲学思考的习惯，分析和解决问题时就能辩证地、全面地、本质地、有重点地思考。这对政治、地理、历史以及议论文写作均具有积极的作用。"

一、横看成岭侧成峰
——从苏轼哲理诗中学会思考

在高中语文教学中，苏轼无疑是一位不可忽视的大家。苏轼的人生遭遇往往能引发学生对他哲理小诗的兴趣。通过联系日常生活琐物，并选择有典型意义的物件加以提炼，我们可以有效地培养学生发掘生活哲理的能力。

在宋朝，王安石主张变法，而司马光则力求废除新法。面对这两派，苏轼有着自己独特的政治理想，因此他对两派都投了反对票，这也导致他被一贬再贬。在与黎族人民共患难的生活中，苏轼以一种全新的人生态度来面对接踵而至的不幸。这些不幸的遭遇培养了他善于思考的习惯，同时也成为他无形的精

第五章 三月四月：生如逆旅，诗人诗情触及柔软与坚强

神财富。学识渊博的他，思想通达，儒、道、禅三教思想在他身上得以融合。广泛的学习为他提供了思考的基础，塑造了他坚定、乐观、旷达的性情。接受了朴素唯物主义观点的苏轼，具备了更深刻、更敏锐的洞察力。

本文旨在通过挖掘苏轼诗的哲理性，培养学生从日常平凡事物中发现生活哲理的能力，让我们的高中学生真正领悟到"哲理美"的魅力。如：

《惠崇春江晓景》

竹外桃花三两枝，春江水暖鸭先知。

蒌蒿满地芦芽短，正是河豚欲上时。

惠崇是一位能诗善画的僧人，这幅画以早春景物为背景，描绘了一幅春江鸭戏图。画中的竹、花、鸭、蒌蒿、芦芽是赏画人所见，而苏轼的题画诗则进一步写了触觉之"暖"、思维之"知"以及经验判断似的"欲上"。这样的想象点活了画面，使诗画情趣盎然。正可谓"作者之用心未必然，而读者用心何必不然"。

我们在教学中，为何不多问问学生"为什么水暖会'鸭先知'呢"？通过深入的思考，学生不难领悟出这其中蕴含的"实践出真知、事不目见耳闻"等深刻道理吧。又如：

东 坡

雨洗东坡月色清，市人行尽野人行。

莫嫌荦确坡头路，自爱铿然曳杖声。

"东坡"是诗人独有的天地，那凸凹不平的坡头路，让人历经磨难。然而，这又算得上什么呢？杖点石坡，铿然有声，这恰恰撑起了他抖擞的精神。没有艰险，又何来征服的欢欣！诗中一个"莫嫌"，一个"自爱"，凸显出那种以险为乐的豪迈精神。作者对待仕途之挫，不正是这种开朗昂扬的态度吗？小诗的可贵之处在于情景交融，句句言景，又似言理，寓理于景，托意深远。又如：

题 西 林 壁

横看成岭侧成峰，远近高低各不同。

>不识庐山真面目，只缘身在此山中。

苏轼在被贬黄州后改迁汝州途中，遍游庐山，写下了这首对庐山全貌带有总结性的题咏。从远低处所见的庐山，只是青山偃蹇，葱茏一片；愈近、愈高，则眼中的景又有不同。一峰一峦，一树一石，并未改变，但庐山总体形象却各有特色。这其中蕴含的哲理，真是耐人寻味。正因"只缘身在山中"，经过了横、侧、远、近、高、低地观看后，才对庐山有了全面的认识。原来，事物无论外貌还是内涵，总是呈现多样的、不同的层面。这首山水诗不仅具有哲理性，同时也成了人们讽喻某种社会现象的熟语，或是教导人们多角度思考的妙语。

在品味了这三首哲理诗后，我认为可以引领学生开始在自然物中探寻"哲理美"的踪迹了。通过开展学生活动，让他们分享自己所体会出的哲理，必定能深化对诗歌的理解。

二、生活的表层是感情，生活的深层是哲学——从身边事物体悟"哲理美"

课本中的许多文学作品，不仅给我们以形象的感染、情感的熏陶，更给予我们哲理的启迪。哲理是与审美感情相互融合的，同时也展现出独特的个性。无论是"欲穷千里目，更上一层楼""问渠哪得清如许，为有源头活水来"，还是戴望舒的《雨巷》《我用残损的手掌》，都传递着中国文学史中奇妙深邃的"哲理美"。我们这些语文教育工作者更应该全情投入到这无边的美育中去。

如：引用"落红不是无情物，化作春泥更护花"（花：物质不灭）；"月有阴晴圆缺，人有悲欢离合"（月：周而复始）；"野火烧不尽，春风吹又生"（草：生命不息）；"无可奈何花落去，似曾相识燕归来"（燕：事物消长、自然规律）；"立根原在破岩中，千磨万击还坚劲"（松：逆境中成长）；以及扫帚（帚有秃时，尘无尽期。然一日在手，则一日当拂之。——纪昀《掸帚铭》）。

○ 第五章 三月四月：生如逆旅，诗人诗情触及柔软与坚强

接下来，可以让学生们从身边事物出发，自己品味出智慧带来的启示。在教学实践中，有些学生是这样设计的：

学生作品：圆规（永远走不出自己为自己设计的圈套）、露珠（无意依附庞大物生存，却愿在草尖叶片上闪光）。

通过课外练习拓展学生的思维，我请学生寻找一种或几种自然物，依据不同的观察角度和思考方法，写一段寓理于景的哲理文字，并反映出景物的特质及其所蕴含的生活哲理。学生们兴趣高涨，纷纷展现出了自己的理性才华。

一位学生曾感慨地写下了这句话："没有想到生活中普普通通的东西能激发出那么多的思考，原来那些看似高深的哲理就在我们的身边。"生活的表层是感情，生活的深层是哲学！

帕斯卡尔说："人是一株思考着的芦苇。"思想是一把天火，阅读便是薪火承传。班扬一生只读了一部书——《圣经》，却写下了著名的《天路历程》；尼采说出了一个事实——上帝死了，却成为众多哲学派别的思想源头；鲁迅一度从尼采的"超人"学说中汲取力量，终成为封建旧营垒中最硬的一块反骨；瞿秋白正是阅读了马克思主义经典，才能以一介书生的柔弱之肩担起救民于水火的大义，至死不渝[①]。真正的人文思想，首要的是独立思考和批判的立场。缺乏思考的阅读只不过是盲从和媚悦，这样的课堂怎能培养出具有高贵精神素质的人呢？

因此，我们的语文课堂和阅读怎能放弃对"哲理"美的引导呢？那是一种迷醉心怀的智慧啊！

[①] 曹明海，张秀清. 语文经典与诗性化教学追求［M］//曹明海，张秀清. 语文教育文化过程研究：上篇. 济南：山东人民出版社，2005：57.

5. 由诗到文体会文学"意境美"

我们在阅读一些美文时，常常能通过眼前有限的艺术形象，领会更深远的东西。应该说，文学作品的高下往往取决于意境的有无与深浅。"意境"是中国古典美学的核心范畴，对它的认识关系到对整个中国古典美学总体特征和内在体系的把握。

歌德曾说："经验丰富的人读书用两只眼睛，一只眼睛看到纸面上，另一只眼睛看到纸背面。"读书就像品茶，我们"品"著茶的苦醇，"会"著茶的意味深长。我们阅读文学作品时，首先要学会鉴赏生动、精妙的语言，从中体悟出作家的风格与匠心。其次，是从语言到意象，即由语言转向想象中的具体形象。最后是从意象到意境，即深入体悟作品的内在意蕴和"弦外之音"。

《文心雕龙》的作者刘勰认为写文章最重要的是表情达意，一切优秀的作品都是"为情而造文"。人非草木，读有情之文，析有情之言，焉能无动于衷？张承志言："我惊奇于汉语那变幻无穷的表现力和包容力，惊奇于在写作劳动中自己得到了净化和改造。"当我们赏析到美文时，常常因它而动情，就是因为文中的"意境"在拨动我们的思绪。

那么，如何培养学生欣赏文学意境美的能力呢？我认为可以从理解概念、品读古诗、借用散文这三个步骤来培育学生欣赏作品"意境美"的能力。当然，这三个步骤并非唯一，也并非严格的三部曲，它们是可以变换顺序的，它们是相辅相成的。

○ 第五章 三月四月：生如逆旅，诗人诗情触及柔软与坚强

一、初学文艺理论，了解何为"意境"

通过阅读相关工具书和深入浅出的文艺理论文章，我们可以简要梳理一下"意境"概念形成的历程：

1. 秦：意境的哲学奠基期。

2. 两汉魏晋：意境的美学准备期。（意象：意境创造的基本元素）

3. 唐：意境的诞生。从诗僧皎然开始，经王昌龄、刘禹锡逐渐明朗化，提出"境生象外"，追求"细致微渺"之境。

4. 宋：意境的巩固期。

5. 明清：意境的完成期。王国维著《人间词话》，"无词境，即无词心。……山水不出笔墨情景。情景者，境界也。故能写真景物，真感情者，谓之有境界。"

对意境的界定：

1. 交融说：宋以后，明清时期对意境最基本、最广为流传的一种阐释。（以王国维、朱光潜、宗白华等为代表）

2. 典型说：意境的创造也是为了创造典型形象。（以李泽厚为代表）

3. 象外说：以形象为基础，而有超越于艺术家已物化、既定的形象，这正是中国古典艺术的独特追求。（以晚唐司空图为代表）

4. 联想说：意境是欣赏者在审美过程中所获得的美感境界。（以王昌猷为代表）

此外，高中生若想读懂何为"意境"，我推荐顾祖钊的《文学意境的特征》一文。此文将意境的美学本质解释得深入浅出，既没有生涩拗口之感，也不因平实表达而降低文章的学术质量。语言严谨优美，结构单纯宛然，引证恰切！对我们教师指导学生品读"意境美"有一定的铺垫、引领

作用。学生若是有兴趣自读一二，当然会对自己品味文学"意境美"有推波助澜的作用。

二、品读中国古诗，形成初识"意境美"的基本能力

我认为应该先让学生了解"意境美"，再让学生发现、体会"意境美"，最后使学生能够创造出"意境美"。当然，教学顺序因人而异，"学习—发现—创造"这一过程本身就是相辅相成，相互融合的。

借用中国古诗，从看似有理的评价到看似无理的想象，为何无理会变成有理，有理又似乎无理呢？当你有这种感觉时，说明你已经向读懂古诗、体会"意境美"迈进了一步。

如：

《江南春绝句》

杜　牧

千里莺啼绿映红，水村山郭酒旗风。

南朝四百八十寺，多少楼台烟雨中。

历史上曾有人对这首诗的评价不以为然，出现过"不足与之言美"的笑话。明朝杨慎曾批评道："千里莺啼，谁会听得？千里绿映红，谁人见得？若作十里，则莺啼绿映红之景，村郭，楼台，僧寺，酒旗，皆在其中矣。"对于"杨慎们"批评，我们也只能说"不足与之言美"罢了。因为他们并未真正领略到诗中的意境之美。

再观南朝所建的寺庙，作者难道真的一眼全见到了吗？这些物象并非全是眼前所见，有的是回忆中的景象。寺庙被烟雨笼罩，显得迷茫而缥缈。几百年前统治者为了长生不老、永享福贵而修庙，可如今已是改朝换代！这些庙宇是哪朝哪代的见证？这"烟雨中的楼台"又给人何感？自然是引发忧伤、愁苦之思。

在这朦胧的境界中，让人想到求长生不老的南朝，不也是过眼烟云吗？那么作者所处的晚唐是否也将重蹈覆辙？这是诗歌避实求虚之妙，让人产生无穷想象。即"关注实景——联想产生意趣——境外之情的意境"。

由此，我们可以将欣赏作品意境美的过程总结为："**情趣（景）——意趣（意象）——理趣（意境）**"的螺旋上升过程。

此外，借用中国古诗，从似有非有、似无非无中寻找"理"的存在，能在有无、虚实中寻得真理的表达，这说明你又向读懂古诗、体会"意境美"迈进了一步。例如：陶渊明的名句："**采菊东篱下，悠然见南山。**"

菊花和南山将人引入一个超凡脱俗、无限宽广、宁静幽深的境界，让人领悟到在黑暗社会中不同流合污、保持清白高洁的志趣，透出一个"洁"字，写出诗人超凡脱俗的气度，其中境界可见一斑。

再如：

《凉 州 词》

王之涣

黄河远上白云间，一片孤城万仞山。

羌笛何须怨杨柳，春风不渡玉门关。

诗人用黄河、白云、孤城、山川等物象，构成了一幅苍茫孤寂的图画。整首诗中包含了一个"怨"字，显得悲壮苍凉。"春风不渡玉门关"虚写景实写情，一个简单的自然现象却因为"春风"象征"恩泽"，"玉门关"指代边陲，而表达出作者对"统治者的恩泽是不会到边疆"的一种指责和批评。现实之景与想象之景相互交织，生发出图画之外的苍凉之情。

三、借用朱自清散文，提升感受"意境美"的能力

任何一个美的事物和现象均是以具体形象呈现在人们面前，"形象"是美的载体。正如车尔尼雪夫斯基所说："形象在美的领域中占着统治地位。"作家

运用语言文字塑造形象，美与形象紧密相连，离开了形象，美与美感就无从谈起。为了深入理解美学概念，我们可以从"意境美"的角度入手，感受文学作品的美。

"意"，指的是思想感情；"境"，则是与生活紧密相连的艺术形象。所谓"意境"，便是艺术家将主观精神美与客观现实美相融合，并通过独创的艺术构思，运用巧妙的艺术手段和语言，所创造出来的艺术境界①。

意境中的"景"并非生活中自然形态的简单再现，而是在特定感情的驱使下，经过提炼和取舍所创造的艺术形象。这种景只需抓住能唤起情感的自然特征即可。欣赏"意境美"的方法也许可以从"总观全景"开始，到"揣摩意象"，再到"象外之景——心境"的境地。朱自清散文以其文质兼美的特点，为我们提供了一个由"景"到"情"，再进一步引发"意"的审美体验的优秀范例。

例1　《春》

析：朱自清的佳作《春》堪称诗画合璧，他多方面描绘了春天的景象，把一个浑然一体的春天形象生动地展现在读者面前。全文先写"盼春"的期待，再细致"描春"的绚烂，最后以"颂春"收尾，通过对春的歌颂，我们深刻感受到作者在黑暗时代中依然保持的进取不息的精神。

例2　《背影》

"我看见他戴着黑布小帽，穿着黑布大马褂……显示努力的样子。这时我看见他的背影。"

析：衣着、背影（实情、意象）→一连串的动作显示出父亲慈爱的内心世界。这种心灵的触动深深引起读者的共鸣，背影与泪水二者如此紧密的结合，并非作者有意而为之，也不是偶然的巧合，而是作家艺术创作中审美体验的真

---

① 许理绚，夏太富. 中学语文审美教育研究：第1版［M］. 上海：上海教育出版社，1994：56.

实再现。

例3　《荷塘月色》

析：分析意境美，就是要把作者笔下的"难写之景"与"言外之意"精准地呈现在学生面前，让学生深刻体会到作者所追求的意境之美，优美的意境往往能激发丰富的想象和联想。《荷塘月色》的教学重点之一就是启发学生丰富的想象力，让他们想象在那清幽寂静的夜里，流水般的月光如何轻抚着绰约多姿、清香四溢的荷花，一切都显得那么宁静、淡雅。在深入作品所营造的意境之后，进一步启发学生进行联想。作品的艺术美能够唤起学生心中对生活美的回忆，从而增强对《荷塘月色》中作者所创设意境的理解。在大革命失败的日子里，作者的心情彷徨而复杂，了解他在对美景的描摹中排遣哀怨的原委，有助于我们深入体会文章内涵。此外，引导学生关注"月色中的不合谐音"，并拓展阅读《西洲曲》，有助于他们更好地理解思乡、伤国的意境美。

品读朱自清散文意境美的初衷，在于通过拓展阅读，使学生能够"以美益智"，即学生在想象中捕捉、揣摩作品的形象时，创造性因素也深入其中，一个以美为基础的，把握世界、开启智慧的过程就这样开始了；"以美启善"，即高尔基说过"美学是未来的伦理学"，所以美是激发善的源泉；"以美悦人"，即使人产生审美愉悦，提高个人修养，使学生学会爱"美"、赏"美"，以求其品格的完善。

清人王国维曾言："词以境界为最上，有境界则自成高格。"想必大家对于他关于"红杏枝头春意闹"中的"闹"，"云破月来花弄影"中的"弄"字的精妙评点记忆犹新，他仅用一语便道出了"意境"之奥妙！

美学家朱光潜曾经说过："有审美的眼睛才能见到美"。学生若要描绘作品所展现出来的美，首要之务便是用"审美的眼睛"去细细品味、用心感受，如此才能领略文中的美，进而发现生活中更多的美。从敢于理解"中国古典美学总体特征和内在体系"，到借助中国古典诗歌提升想象力，实现从意象到意境的转化；再到品读朱自清散文，体会其文质兼美中所蕴含的感性与理性的交融，这一过程逐步提升了学生理解"意境美"的能力。这是我在教学实践中的一点感悟，在此与大家分享，仅供参考。

6. 阅读成长记录单

1. 老土一点、原始一点、古朴一点：摘抄古诗。用心一点、动情一点、文雅一点：撰写小文。

摘抄（练练你的书法）——研读（静静你的青春之心）——用旁批、圈画或者你自己喜欢的注解方式读懂它，走近他（她）——撰写小文，留下你花季、雨季时对古人心声的理解，待到你成为中年人或是老者时，再阅读，那该是一种什么滋味啊……

选取的古诗可以是你喜欢的抑或是不喜欢的某位诗人不同时期的作品；也可以是同一时期不同诗人的"同题异韵"，抑或是"异题异韵"；当然也可以是你信手拈来抑或是正巧在学习的一些古诗。

2. 古诗新做：选取所见、所听、所想的自然之景、自然之声，用诗一样的语言描绘它，也许你会悟出好些人生的道理。

3. 为你喜欢的诗词谱曲、配画。选取你喜欢的诗词，爱好音乐的你，可以尝试配上曲子，和你的同伴一同"唱响"她！爱好绘画的你，可以试着配图，和你的同伴一起聊聊"诗中有画，画中有诗"的感觉。

【感想感言】

第六章

五月六月

逻辑力量
学术作品激发缜密思考

　　春夏之际,一种难以抑制的活力使我们的头脑也异常活跃,这个时候读点学术作品自然对自己是一个极好的促进。在阅读时,你可能会遇到新知识或生涩的概念,因此阅读前要有充分的思想准备,收回一点你原本信马由缰的想象,在阅读中尝试梳理文章的纲目,做出内容提要,感受文章或著作的价值取向和有秩序的逻辑力量。之后,结合一定的学术背景和生活场景,再反思所阅读的学术作品,去深入思考推动社会发展的各种因素。

1. 自律和懂礼

——让你们更出色

为什么要谈论这个话题？也许是想为阅读学术作品打下一个心理基础，也许是借着阅读学术作品的"庄重感"，来谈谈"自律和懂礼"给我们带来的无限可能。暂时放下我们随心所欲的行为方式，用缰绳将自己牵住，规范好自己。相信每一次成功的背后都有着共同的法则……世界杯赛场上日本球迷观赛后，全体捡拾场地垃圾的视频再次向我们展示了这个法则——"自律和懂礼"让他们更出色！无论他们最终能进入几强，但他们的国民素养和作为亚洲球队的技术与拼搏精神可见一斑！他们已然在世界杯赛中"更出色"！

因为你自律，所以你可以成就更多。

明代大学士徐溥，自幼天资聪颖，读书刻苦。少年时代的徐溥性格沉稳，举止老成。一次，塾师发现他常从口袋中掏出一个小本本，以为是小孩子的玩物，等走近才发现，原来是他自己手抄的一本儒家经典语录。徐溥还效仿古人，不断地检点自己的言行，在书桌上放了两个瓶子，分别贮藏黑豆和黄豆。每当心中产生一个善念，或是说出一句善言，做了一件善事，便往瓶子中投一粒黄豆；相反，若是言行有什么过失，便投一粒黑豆。直到他后来为官，一直都还保留着这一习惯。当然，我们身边也不乏这种"不为繁华易素心"的好学生、好老师，这种自我管理的能力值得我们学习。

因为你懂礼，所以你可以赢得更多的尊重。

回想我在学校看到的一幕：某年6月12日下午，暴雨倾盆，两位同学撑着随时可能被吹翻的小伞，冒雨迎风，把国旗一点点地降下来，收藏好……浑身湿透的他们让我们肃然起敬！还是这个暴雨倾盆的日子，用完早餐的老师们三三两两地离开食堂，正好国歌响起，我看见来不及进办公室的老师在雨中撑着雨伞，庄重地站立，静待国歌声结束……这种骨子里的"懂礼"让我肃然起敬！因为如果每个人都懂规矩，懂礼节，那就一定可以为自己和他人创造更多的自由，在规矩的空间里才可能有更多的自由！

所以，在自由的日子里：你们依然要学习你好奇的新知或是学习让你感到艰涩的知识，在整顿精神中养成自律的习惯，践行懂礼给你们带来的精神上的满足！你们依然可以在畅游大好河山时，在实践探索中养成自律的习惯，用懂礼知情的行为推动人类文明的发展！

2. 乏味的说明文与难懂的学术作品

乏味的说明文与难懂的学术作品，在师生眼中也许就是一对"难兄难弟"。在高中日常教学中，说明文阅读往往是语文教学刊物中"少有问津"的领域，语文教师常常"淡化处理"，学生们也普遍"不感兴趣"。我查阅了近半年的几种颇具水准的语文教学刊物，发现其中很少刊登关于说明文教学的文章，教师们对说明文的热衷度也远远低于小说、散文、杂文等文体。这一现象在校、区、市，甚至全国的语文教学评优展示中也可见一斑。做个简单调研就会发现，喜欢读说明文的同学"屈指可数"。同样，阅读时需要具备相当学科知识、严密的逻辑思维、探究复杂科学或社会性问题能力的学术作品，在教师的教和学生的学中，也是让人"望而却步"的。

一般而言，学术作品主要包括三类：1. 学术专著（论文），这是指作者根据在某一学科领域内科学研究的成果撰写而成的理论著作，该著作应对学科的发展或建设有重大贡献和推动作用；2. 编著，这包括基础论著、技术理论、应用著作等，是汇集国内外某一学科领域的新成就，或是总结生产实践中的技术经验，抑或是总结社会实践中的社会科学经验的理论著作；3. 教材，含科技教材和社科教材，一般分全国统编和一般教材两种，主要指通过收集、整理国内外已有的科学成就和资料，或根据科学研究成果和按照教学规律加以总结使之系统化的教学材料。

阅读这类作品，特别是前两类，需要沉下心，做好一定的心理准备和积累一定的专业知识。其中，专业知识储备包括你对想要阅读的学术作品所涉及的学科领域要有一定的知识储备，同时在阅读方法上也要有一定的准备。学术作品一般具有清晰的条理性、缜密的逻辑性、曲折的探究性和复杂的科学性、社会性等特点，而这种特性与复杂的说明文有一定的相关性。为了"删繁就简""化难为易"，我们不妨从鲜有人问津的说明文阅读入手，为阅读学术作品打下一个坚实的基础。

通过教学实践，阅读说明文至少可以带来四种期待：1. 不仅能够学习说明文的写作技巧与科学文化知识，更可以激发我们对科学、人文的探索欲望。2. 说明文涉及科学、人文等多方面的综合信息。3. 它对写作或其他文体的学习能够起到推波助澜的作用。4. 说明文在传授知识的同时，还能启迪我们的思想。

根据《普通高中语文课程标准（2017年版）解读》（高等教育出版社，2018年10月第1版，第185页）中关于"学术论著专题研讨"学习任务群的教学提示："引导学生拓展视野和思维空间，养成独立思考、质疑探究的习惯，增强思维的严密性、深刻性和批判性。""……通过判断、分析、综合的方法，培养发现问题、质疑探究的能力；在比较、探究、交流的过程中，对学术著作的主要观点、难点，以及阅读中产生的问题进行有深度的独立思考，力争提出自己的见解。体会学术论著语言的科学性、严密性，提高思考和表达水平。"

这不是一个一蹴而就的任务，而说明文阅读的"四种期待"可以作为相关铺垫，帮助我们为学术作品的阅读做好心理和学理上的准备。

以"引导学生拓展视野和思维空间，养成独立思考、质疑探究的习惯，增强思维的严密性、深刻性和批判性"的目标为例，说明文阅读可以充分体现"科学精神与人文精神的培养"以及"培养学生的创新精神和实践能力"。因此，我们不妨尝试让读好说明文成为读懂学术作品的"敲门砖"。

一、让说明文"文"起来

以说明文为依据，拓展相关人文知识，提高审美修养及主题综合阅读能力。(主题综合阅读:即以阅读某内容为主,并将相关学科知识相互融合、迁移,从而达到拓展知识、提高审美的目的。)

优秀的说明文《南州六月荔枝丹》就以其文学性、科学性吸引着众多师生,在文献诗篇中让人仿佛品到了荔枝的甘甜与历史的变迁。教师教得有味,学生学得有趣。文中"飞焰欲横天""红云几万重"的诗句无不让人心旷神怡。

同样,《中国园林与中国山水画》就是一篇较好的可拓展并可进行主题综合阅读的说明文章。此文可以深入挖掘的人文艺术、自然景象乃至审美情趣是非常丰富的。我就抛砖引玉,在此略作分享。我们可以在传统说明文教法上进行改进,将教学目的由原来的**理解两者的异同和领会作比较说明方法的表达作用等**,改为**从说明文的内容中欣赏艺术美,从说明文的语言中获得较高的审美享受**。

在阅读中,我们应充分调动学生课内外的积极性。在课本的基础上,利用文史知识拓展学生的视野,从文中探讨的"相同之处"入手(见下表):

艺术特征共同点	中国山水画	中国园林
艺术境界一致	神韵	寓诗情画意于自然景物之中
艺术特征一致	含蓄美	隔景、抑景、漏景、夹景……
布局追求相似	洒脱、自由,忌讳刻板规矩……	疏密有致,高低有情……
虚实处理相似	"无虚不能显实……绘事乃成"	虚实变化与对比,注意空间一开一合,一收一放,一虚一实的对比……

同时,引领学生们观赏徐悲鸿的国画《逆风》、苏州留园、赵孟頫的山水画《鹊华秋色图》局部、倪瓒的山水画《渔庄秋霁图》、狮子林探幽洞、上海豫园得月楼等作品。

从文中探讨的"不同之处"出发,我在教学中侧重让学生欣赏说明文字的精准，体会简练语言的美。让学生们知晓游园时会同时满足视、听、嗅、触等感官，可以调动或唤起我们的审美欲望。说明文的文字同样可以给我们美的享受。

　　一篇简单的说明文，通过师生共同挖掘，可以变得趣味盎然，同时也可让学生在学习的过程中体会中国园林、中国山水画艺术的精髓。在互动过程中，使课本上的知识活了起来，在审美的同时也使学生有了实践的能力。课后，很多学生对中国园林与山水国画都表示出了极大的兴趣，在古诗词鉴赏上也逐步将中国的含蓄美融入鉴赏之中，对祖国大好河山的品玩也有了更深的体会。学生的这种综合能力、迁移能力的培养并非一日之功，但我们通过这种课的实践已可见其可行性。

二、让说明文"武"起来

以研究性学习为抓手，激发学生的求知、探知欲望和能力。

　　在"文"的熏陶下，师生应成为共同学习的伙伴。这个过程是一个学习、质疑、整理、发现、运用的过程。

　　"研究性学习"的实践是适应学生发展的需要，它既具有学生参与研究的可行性，又具备实效性。这里的"研究"，并非指科学研究意义上的"研究"，而是一种学习方式的转变。它强调学生自主参与学习，提出问题、寻找资料、进行假设、获取证据，遇到困惑时探讨请教以求解。可见，它更注重学习的过程，关注学生在这一"过程"中的感受和体验，将过程中的感情与体验作为追求的结果。

　　布鲁纳认为："所谓知识，是过程而非结果。"这个过程应是"按自己的方式而不是照书本样子，把获知的事物组织起来的一种活动"。可见，教学应当致力于"使学生成为自主自动的思想家"。这样的学生，在正规学校教育结束后，将能够独立向前迈进。在传统教学中，教师往往扮演着先知先觉的权威角色，教师讲、学生记，教师问、学生答，教师出题、学生答题……学生的活动往往被限制在教师预先制定的框架内，这在很大程度上忽略了师生共同研究问题、共同探索知识规律的过程。学习对于学生来说，变成了一种被动的活动，而非他们渴望掌握的"渔"的本领。这样教出来的"渔夫"，只会是捞死鱼的蠢"渔夫"。谁又愿意将自己的学生培养成这样的人呢？

如果我们在进行研究性学习的过程中将说明文单元利用好了，它将使学生对待说明文的态度发生一个"质"的转变。同时，这也将使学生在质疑、收集资料、整理资料、探索、研究、解答等方面均有所提升，从而达到他们渴望的"启迪思想"的目的。这样，我们也教会了学生们一种科学的学习方法。

有了对"乏味"说明文的阅读体验和探究热情后，再去参与"科学与文化论著研习"，选择阅读简明易懂的自然科学和社会科学论文、著作（节选），领会不同领域科学与文化论著的内容，培育科学态度和创新精神。然后，逐步增强自身的"实力"，向"学术作品"进军，开展"学术论著专题研讨"也就有了坚实的基础。于是，你会发现原来自己可以变得如此博学！

3. 读万卷书，这一卷不可少……

——读《读万卷书——葛剑雄自选集》，向学术研究迈进

想起了 2018 年 8 月，上海读书节上，我冒用女儿的名义，赶在收摊前，一个箭步冲到葛剑雄教授的台前，摊开扉页请他签名售书，于是有了"赠王一宸小友正"的字样。其实，作为小友的母亲，我曾经教授过葛教授的文章给青少年听，看过一些葛教授的文章，为了表示对这位作者的尊重——我决定买他的书，请他签名。这算是对沉迷学问的知识分子的敬意，也算是对女儿的期许。

《读万卷书——葛剑雄自选集》（海峡出版发行集团，2018 年 4 月第一版），作者葛剑雄，祖籍浙江绍兴，他 1945 年 12 月 15 日出生于浙江湖州，是民革中央委员，复旦文科资深教授，历史学博士，博士生导师。他曾任复旦大学中国历史地理研究所、历史地理研究中心主任，复旦大学图书馆馆长，现任教育部社会科学委员会委员，十二届全国政协委员会常务委员。2016 年 8 月，他还担任了中央文史研究馆馆员。品读葛教授既从事专业研究又进行传道授业的文章，我们既能领略学术的"奥妙"，又能感受到他和蔼可亲地告诉我们不要畏惧学术的"高深"！

我一直喜欢由名家自己选编的文集，因为那里会折射出名家自己的喜好憎恶，情感丰富而真实，脉络清晰而缜密。读"自选集"就像对着作者的"心灵之镜"，在读者的世界寻找一个投射的世界一样美妙！其实细细想来，哪本书不是作者的"心灵之镜"呢？发现"新大陆""旧大陆"著书，那是你借用前

○ 第六章 五月六月：逻辑力量，学术作品激发缜密思考

人的知识、思想而迸发的新思想、新见识；幻想"新世界""古世界"著书，那是你依附现有的积累、想象而创造出的新未来、新猜想。阅读的过程就是学习的过程，行路的过程也是阅读世界、思考世界的过程，所以"我一向服膺古人读万卷书，行万里路"（葛剑雄语）。于是在友人的鼓励下，葛教授将以往写的有关读书和行路两方面的文字辑成书籍。2016 年 8 月，《行万里路：葛剑雄旅行自选集》由商务印书馆出版；2018 年 4 月，《读万卷书——葛剑雄自选集》由海峡出版发行集团鹭江出版社出版。

朋友圈里的读书热情、行路喜悦让我每天都好似徜徉在广袤的已知和未知中。同时，每天闲暇之余，我以各种"葛优躺"的姿势抱着 58 元的正版《读万卷书》，也觉着这份享受来之不易，分外惬意，不由得暗自欣喜！58 元就能让我心仪许久，读一篇想一天，这种愉悦感不知要与多少心理医生沟通才能获得呢！所以说，书的价格实在是不贵，难道许多精神的馈赠还不如一杯咖啡吗？

读学者的自选集，自然是向学术迈进的第一步。因为学者深厚的学术积淀和他独有的学术研究态度和方法都会在他的著作中得以展现。《读万卷书——葛剑雄自选集》分为：1. 读书与书；2. 读前人的书；3. 读他人的书；4. 读地图。由于自己不善于读地图，那我就索性倒过来挑战自己的"不擅长"，从"读地图"这部分开始阅读。"读地图"还真是一个读史、读文、读人的好助手。因为它能让我们避免盲目自大，也不会让我们横生出些莫名的自豪感。比如，葛教授在《对中国历史疆域的叙述应该严格按照历史事实》一文中就比较客观地提出疆域描述要与史实结合。文中指出：《地图》2000 年第 4 期刊载的云飞《我的一本〈开明本国地图〉》提到中国在道光、咸丰、同治、光绪时期东北、西北的疆土，实在令人振奋，也实在令人惋惜。可是根据"道光二十二年（1842 年）的《中英江宁（南京）条约》"，我们并未向沙俄割让过东北、西北的任何土地，因此云飞文中"一步步被沙俄鲸吞蚕食掉的"就没有依据了。

"自古以来,发达的文字也使中国学者更善于或乐于用文字来描绘地理环境,而不是借助于地图。"同时,我们了解到:天水放马滩地图出土于有高文化修养和广博知识的主人墓中;长沙马王堆墓主人是一位侯爵;苏秦游说赵王时曾用地图证明联合诸侯国的面积是秦的五倍;蔺相如应秦王邀约拿和氏璧换十五城池时,秦王不得已拿出地图;荆轲刺秦王时"图穷匕见"的图是多么有吸引力,并且充当了遮人耳目的工具……《地图是谁用的》解答了为何一般人是没有机会接触"地图"这种朝廷机密的。综合以上两种观点,我们可以得出地图在中国历史中的地位和运用史实相互佐证是一种读史的重要方法!

那么,从"读地图"这一部分就可见葛教授的治学态度——依据史实佐证史实。而在"读前人的书"和"读今日他人的书"这两部分中,又可见到葛教授的另一种态度——这也是我们一般读后感所难以企及的——他针砭时弊,只为还原真实的历史。通常,我们的读后感总是局限于介绍作者、书目梗概以及歌功颂德式的领悟。然而,葛教授在此却针对前人的书以及今人的书中的学术问题进行了深入的批评。

再来看《重读〈明史·海瑞传〉》这篇文章,葛教授从史学家的角度重新审视了"清官"的定义。他认为,如果仅仅依靠道德和法制来评判,那么"清官"就可能成为一种悲凉的尝试。然而,康乾的盛世也不及雍正时期对"清官"的助力——那时"既有严厉的打击措施,又切实解决了官吏们的实际困难……"葛教授纠正了我们对于"清官"与道德、法制之间关系的观念,他确实食得人间烟火,教导我们从人类学的角度来审视人类!此外,《郦道元不是〈水经注〉全部文字的作者》《"约法三章"的误解》《理想与现实之间——东汉党人的两难选择》等文章也确实值得放大给读者看,否则有些"误解"恐怕会传承千年。

最后,当然是葛教授此书的开篇之作——"读书与书"这一部分。一位曾经"与书无缘"的孩童,在一生的读书路上围绕着书籍搬迁,书、书房、图书馆成为他的人生轨迹——最终成为图书馆馆长,能够号令万册书籍,这岂是一

○ 第六章 五月六月：逻辑力量，学术作品激发缜密思考

般人所能做到的。成为中央文史研究馆成员也同样非一般人所能及。因此，我劝大家收藏一些书，无论是工作、休闲甚至退休之时，都可以再一页页地重新翻看。

　　书要读，书要啃；书还要批判地读，批判地啃。而这种能力来源于你之前"读万卷书"的积累。质疑、批评固然容易，但关键在于你能否提出有力的替代方案来替代你所质疑、批评的内容。因此，还是让我们和葛教授一起抓紧光阴"读万卷书"，勇敢地迈向学术的道路吧。

4.《我们台湾这些年》

—— 一本从平民视角望去的书

《我们台湾这些年》（重庆出版社，2009 年第一版）是由台湾作家廖信忠所著。廖信忠，1977 年出生于中国台湾地区；1984 年，李登辉当选"副总统"时，廖信忠正在上小学；1989 年，在蒋经国逝世的第二年秋天，廖信忠升入中学；1993 年，新国民党联线人士组建"新党"时，廖信忠正在淡江高中读书。1998 年，马英九和陈水扁竞选台北市长之际，廖信忠参加了成功岭大专集训；2008 年，台湾地区选举中马英九获胜，随后陈水扁锒铛入狱，而廖信忠也在这一年于上海开启了全新的人生阶段；32 岁那年，即 2009 年，他出版了《我们台湾这些年》；37 岁，也就是 2014 年，又出版了《我们台湾这些年 2》……

与我几乎同龄的廖信忠，他的成长道路中伴随着这么多的"政治"背景。而我，作为一个在"我们的祖国是花园，花园的花朵最美丽"的歌声中成长的大陆七零后，对于台湾的认识更多是来自教科书以及祖辈、父辈的讲述。由于我奶奶的弟弟（我称他为舅爷爷）因战乱去了台湾，所以对于台湾，我比一般同龄人感受更加深刻些。

为了祖国的统一，民族的团结，为了更好地了解我们的台湾同胞，我主张大陆同胞们应该读点关于宝岛台湾的书籍。不必一开始就选择那些学术性很强的社会学专著，可以从《我们台湾这些年》这样轻松易读的书籍开始，为后续的阅读打下基础。

○ 第六章　五月六月：逻辑力量，学术作品激发缜密思考

"关于真正的台湾，你又了解多少？这是我常常问大陆朋友的问题。我明白，对于很多大陆朋友来说，台湾往往只是一个空洞的政治概念；大多数人并不清楚台湾过去30年究竟发生了什么？台湾普通民众到底过着怎样的生活？

其实，台湾近30年来的社会巨变，绝不亚于改革开放30年的大陆。1975年蒋介石逝世后，台湾局势骤然微妙；蒋经国于70年代末力排众议，强力发动台湾社会变革，直接推动了台湾的经济腾飞；接下来的几十年，李登辉、陈水扁、马英九等政治人物粉墨登场，台湾社会风起云涌，每一个最普通的台湾人，都卷入其中，日常生活发生了翻天覆地的变化；这30多年的社会巨变，也给我和我的家人，留下了许许多多令人难忘的欢笑与泪水。"在成书后被记者采访时，廖信忠这样表达了自己的观点。

作者的平民身份让读者感到亲切。这本《我们台湾这些年》是廖信忠从他出生的1977年开始写起，以一个台湾平民的视角，向您细述了30多年来台湾社会的大事件和小故事，并与您分享了过去30年台湾老百姓最真实的日常生活和悲喜人生。该书于2009年出版，当时被诸多报端期刊评选为2009年度十大好书之一！作为60年来第一本让14亿大陆人真正了解台湾地区普通民众真实生活的书籍，一个台湾青年写给14亿大陆同胞的家书，讲述了政治巨变下，台湾老百姓自己的故事……他说，书中记录着台湾30年来诸多"大事件"背景下普通百姓的"小故事"，"我尽量不去评论，很客观地记录。"

在廖信忠的笔下，《我们台湾这些年》一书展现了三个层次：1985年以前的内容大多源自他人的口述；1985年至1995年则是他通过教科书和媒体所学习和了解到的台湾；而1995年以后则完全是他个人对于台湾社会的认知。故事从台湾退出联合国后开始讲起，台湾经历了蒋经国的"十大建设"，政局也从"反攻大陆"无望开始转变……然而这些高屋建瓴的历史事件似乎还不足以让我们深入了解那些和我们一同成长的台湾同胞的日日夜夜。于是，书中通过描述《楚留香》的流行、《爱拼才会赢》的风靡、小虎队与四大天王的人气爆发、高中补习班的艰苦学习体验以及皮鞭抽屁股的生生疼痛等细节，让我们感

知到海峡对岸的生活与我们这边惊人的相似和一种奇妙的时差。

2009年，在接受《国际先驱导报》记者采访时，廖信忠表示："我希望大陆民众能通过一些浅显易懂的事件描述来了解台湾人的思考脉络，理解为什么他们在遇到一些事情时会有那样的思考和行为。我认为这本书可以作为一本介绍台湾社会的普及读本。"他还说："我认为统一是一种趋势，来到大陆之后，我深切地感受到两岸之间很多东西是割不断的。"

2020年，上观新闻在《独家专访台湾作家廖信忠：这些莞尔一笑的文章，未来可能成为理解时代的另个维度》一文中写到："他像一般直男一样，认准一家店，就会一直吃下去。最近他喜欢到建国西路一带吃饭，特别喜欢吃酱鸭、红烧肉和鳝丝。故乡与乡愁在他身上已经被稀释得很淡了，自己的家乡台湾，俨然已经降为选题的一个方向。由于疫情缘故，他上半年待在台湾，他说自己与家乡已经有了'隔阂'，周围人聊台湾明星、周边轶事，他都不知道，因此选择回上海隔离14天。"

正如他所感受的那样，大陆和台湾"两岸之间很多东西是割不断的"——20世纪80年代末90年代初，我奶奶家厅堂里传来的湖北腔中夹杂着台湾调，大街小巷里传出的都是青年、小孩拿腔拿调的模仿声，一时成了那个年代的时尚……一堆花色各异、丝绸棉麻制成的礼物，是台湾亲人千里迢迢送来的；几枚大得亮眼的24K金戒指，成了我们家族代表姓氏的传承品，虽然现在我和姐姐一人一枚，却早已不知压到了哪个箱底……屋里亲人相见时的欢愉与悲伤情绪，此起彼伏，一波又一波地被预见。

这是一位朋友推荐给我的书，我翻阅地非常投入。我想用作者后记中的一句话送给今天——该书出版后10余年的读者们——"献给两岸之间每一个最普通的读者：不管历史走向何方，生活还将前行，我们依然血浓于水。"——在我们研究"台湾问题"的时候，不妨用平民视角去关心一下那些极少出现在我们眼前，却实实在在存在于祖国版图上的台湾省和我们的台湾同胞。

5. 阅读成长记录单

本书留给你的记录空间如果太小，那就请开启你专门的"阅读笔记"吧！这是一场充满艰辛、颠簸，却也会带来极大收获感的阅读之旅。

1. 寻找并阅读本章《乏味的说明文与难懂的学术作品》中所提及的相关说明文，做些圈画和梳理。

2. 选择阅读一些简明易懂的自然科学和社会科学论文、著作或节选，领会不同领域科学与文化论著的内容，撰写内容提要和读书笔记，把握文章的观点。建议阅读自然科学论著：华罗庚的《华罗庚科普著作选集》、梁思成的《拙匠随笔》、霍金的《宇宙的起源与归宿》等。以及社会科学论著：冯天瑜的《中华文化史》、拉尔夫的《世界文明史》等。

3. 翻阅较为"亲民"或你感兴趣的"学术论著"，选读重点章节，把握学术著作的核心内容，以及作者的主要观点和基本倾向，并加以记录和积累，也可以为相关章节内容绘制思维导图。建议阅读：冯友兰的《中国哲学简史》、费孝通的《乡土中国》、柏拉图的《理想国》以及霍金的《时间简史》等。

【感想感言】

第七章

打下读写基础
慢慢润笔生花

前六章在一定的时间情感的推动下,按文体给孩子们一些读书和记写随笔的经历。这一章我们将"读书"宕开去,开了几贴辅助读书的润笔小指导,让读书更有趣,更有收获感。看似很小的写作,实则潜移默化地让你笔下生花!繁忙的高中生们,每月花上一小时,咱们一起来试试——让你拥有新的读书喜悦。

儿时就会写的"日记",这种个性而美妙的学习体验在网络时代显得有些不合时宜,但真的坚持下来你会发现她就是你阅读、写作的积累。此外,在陈老师读大学时,一个号称文学奇才的同学说他为什么语文学得好?那就是他爱上了"成语"。读成语,扩写成语故事就是一条语文学习路上的绿荫小道,惬意而有趣。可是真的要把想说的话表达好,还真少不了对人物的描摹,对事物的分析。把刻画人物的本领继续练起来,把说理的能力继续提升起来……当然,从小到大听到语文老师讲阅读能力的基础大概就是"概括"能力了吧,陈老师带你从文章学习入手,潜移默化提升"概括"能力,让你的话语和文字"直击要害"。的确——书,这样读有意思。

1. 写日记
——个性而美妙的学习体验

当你呱呱坠地后,你就要学会与人分享。三岁的时候,妈妈会让你与小朋友分享你爱不释手的玩具;七岁的时候,爸爸会提醒你与家人分享那令人垂涎欲滴的美食,孔融让梨的故事就在这个时候进入了你的脑海;十岁的时候,小伙伴会嘻嘻哈哈地让你与他们分享成长中的故事……但有一种东西你不一定要与人分享,那就是你的日记。当然,如果你愿意给我们看看你成长的故事,我们也会静静欣赏。

那么,让我们看看都有谁在写日记呢?打开电脑,在互联网中键入"日记"一词,好家伙!有名的人、没名的人都有写日记的习惯。日记,曾几何时,成了人们最钟爱的一种表达方式,一种写给自己看的自由文体。

我们熟悉的雷锋就是一位爱写日记的战士。出生于旧社会的雷锋,是党给予了他学习的机会,于是他把对知识的渴望、对革命事业的忠贞一笔一划地记录下来。正因为他尝试着将一点一滴的事、一丝一毫的情写下来,慢慢磨炼并提高了自己的写作能力。所以,在《雷锋日记》里你会看到很多让人深思的警句,直到今天,我们依然能感受到那文字间的力量。

革命家、文学家郁达夫先生的散文闻名于世,很多写作素材都来源于他那洋洋洒洒的日记,他的日记就像一个资料库,成为他创作的源泉。还有大家熟悉的台湾创作型歌手伊能静,她也是个写日记的高手。她随时随地将自己对生活的感悟记录下来,这种写日记的习惯丰富了她的情感,这也就成了她写歌词、出小说的基础。

随着年龄的增长，你会有许多开心的事，也会有不少成长的烦恼。开心的事，你会想要说出来、写出来；烦恼的事，你会想和最亲密的人诉说，也会写给自己看。日记作为一种最自由的文体，它可以成为你独一无二的亲密友人，让你尽情遨游在文学的海洋中。

写日记一方面可以记录下我们成长过程中的点点滴滴，酸甜苦辣；最有意思的是，它还能在不知不觉中提高我们的阅读和写作能力。因为只有爱写，就不怕写不好，正如前面我们说过的，写作的"天分"来自个人的勤奋。天天写日记，不仅能培养你的观察能力，久而久之还能提高你对事物的分析能力、思辨能力，养成一种做事持之以恒的好习惯。那么，为什么还不加入写日记的队伍之中呢？想想等你长大之后，你有一抽屉的属于自己的"著作"，那将是一件多么有趣的事情呀！

[生动的范例]

柳比歇夫（1890—1972）是苏联的一位昆虫学家，他一生取得了丰硕的科研成果。然而，让一般读者感兴趣的并不是这些深奥的成果，而是他取得这些成果的背景。这是因为柳比歇夫相当奇特地发明了一种"时间统计法"，从而完成了他那"奇特的一生"。

柳比歇夫日记摘录：

> 乌里扬诺夫斯克。一九六四年四月七日。
> 分类昆虫学（画两张无名袋蛾的图）——三小时十五分。
> 鉴定袋蛾——二十分。
> 附加工作：给斯拉瓦写信——二小时四十五分。
> 社会工作：植物保护小组开会——二小时二十五分。
> 休息：给伊戈尔写信——十分；
> 阅读《乌里扬诺夫斯克真理报》——十分；
> 阅读列夫·托尔斯泰的《塞瓦斯托波尔纪事》——一小时二十五分。

> 乌里扬诺夫斯克。一九六四年四月八日。
> 分类昆虫学：鉴定袋蛾，结束——二小时二十分。
> 开始写关于袋蛾的报告——一小时五分。
> 附加工作：给达维陀娃和布里亚赫尔写信，六页——三小时二十分。
> 路途往返——三十分。
> 休息：剃胡子；阅读《乌里扬诺夫斯克真理报》——十五分；
> 阅读《消息报》——十分；
> 阅读《文学报》——二十分。
> 阅读阿·托尔斯泰的《吸血鬼》，六十六页——一小时三十分。

（**欣赏与点评**：很少见到像柳比歇夫这样奇特的日记，有事则多记，无事则少写，这正体现了日记的自由性。看似流水账般的日记，却条理清晰地阐述了一位科学家成功的秘诀。他对时间的吝啬、对自己近似苛刻的要求在日记中可见一斑。简约的文字将我们带到了柳比歇夫生活的时代，这也许就是传记作家钟爱从日记中挖掘人性的原因吧。）

（发表于方仁工主编，《作文就这样写》丛书，
上海交通大学出版社，2009。略有改动）

2. 怎样扩写成语故事？

我们的老祖宗为我们留下了极其丰富的财富。成语就是文化宝库中的一颗璀璨珍珠，悠远而美丽。每一个成语的背后都蕴含着一个鲜活的故事，因此，讲故事、写故事自然对于我们的阅读和写作来说，是极其有意义的。那么，将富有哲理的成语故事进行扩写时，又有哪些技巧呢？

首先，我们必须确保不偏离成语本身的意义，扩写的故事不能背离成语本身的内涵。其次，我们就可以在"描写"上下功夫，大显身手了。当然，在这一过程中，我们要注意一个原则——合情合理。以"狐假虎威"这个成语为例，我们可以在环境描写、人物（动物）刻画、动作描写等方面进行扩写。让我们看看下面这个例子：

"在一片幽深的森林中，有一个黑黢黢的大山洞。这天，一只饥肠辘辘的老虎决定外出觅食。当他穿行于一片茂密的森林时，忽然瞥见前方有只狐狸正在悠闲地散步。老虎觉得这是个千载难逢的好机会，于是，他猛地一跃，扑了过去，毫不费力地将狐狸擒过来。"

在此段落中，我们注意到作者在环境描写、动作描写等方面特别关注，为后续故事的发展奠定了基础。接下来，让我们继续看看又发生了什么。

"可是当它张开血盆大口，正准备把那只狐狸吞入腹中之际，狡猾的狐狸突然开口说话了：

'哼！你不要以为自己是百兽之王，便敢将我吞食掉；你要知道，天地已经任命我为王中之王了，无论谁吃了我，都将遭到天地极严厉的制裁与惩罚。'

老虎听了狐狸的话，半信半疑，可是，当它斜过头望去，看到狐狸那副傲慢而镇定的模样，心里不觉一惊。原先那股嚣张的气焰和盛气凌人的态度，竟不知何时已经消失了大半……"

"狡猾"一词精准地刻画了狐狸的本性，接下来的对话也完全符合人物（动物）的性格特点。这番话讲完，老虎的气焰被压了下去，一只有勇无谋的老虎形象跃然纸上。看来，狐狸的计谋就要得逞了。

"这时，狐狸见老虎迟疑着不敢吃它，知道他对自己的那一番说辞已经有几分相信了，于是便更加神气十足地挺起胸膛，然后指着老虎的鼻子说：'怎么，难道你不相信我说的话吗？那么你现在就跟我来，走在我后面，看看所有野兽见了我，是不是都吓得魂不附体，抱头鼠窜。'老虎点点头，觉得这个主意不错，便照着去做了。"

接下来的故事就不用我们多说了。从以上这段范文可以看出：扩写成语故事的关键在于适时、适当地进行描写。涉及童话式的故事，我们还可以加以夸张、联想，让人物形象更加丰满，让故事情节更加曲折动人。

此外，我们在扩写时，要根据字数要求进行适当的"记叙""抒情"和"议论"，多种表达方式地运用有利于让小故事更加生动感人。

（发表于方仁工主编，《作文就这样写》丛书，
上海交通大学出版社，2009。略有改动）

3. 把人物刻画得活灵活现的关键是什么？

随着年龄的增长，老师开始要求我们对身边的人物进行生动刻画，这可难倒了不少学生。看看周围，似乎每一个人都长着一个脑袋、两只手，写来写去都一个样，这可如何是好呀？要把人物表现得活灵活现，我们究竟应该怎么办呢？

答案就是从共性中找个性。

世界上没有长得一模一样的人，哪怕是双胞胎也是有所区别的。不一样的外表就是"个性"的一种体现。那么，你要先学会观察人物的外貌，学会肖像描写，也就是对人物的外貌特征（包括容貌、衣着、神情、体型、姿态等）进行描写。比如鲁迅就很善于"画眼睛"，他在《祝福》中14次写到祥林嫂的眼睛，而每一次眼神的变化，都透露出人物当时心理和性格的变化；他写闰土，在写眼睛的同时，也写到了"又粗又笨而且开裂，像是松树皮"的手，这反映了闰土生活的痛苦和艰辛。

当然，不是说要"让人物活灵活现"就必须进行模式化的"肖像描写"。你会发现不同的人有不同的性格，用语言文字对人物的内心世界进行的描写就是一个好方法，这就是我们常说的"心理描写"。作为学生，在写作的起步阶段，你们在进行心理描写时不能说一些空泛的话，而是要把内心深处的精妙之处挖掘出来，使人物的思想性格得以深刻揭示。让我们看看我们熟悉的《一件小事》（鲁迅著），当作品中的"我"看到车夫送老女人向巡警分驻所走去时，有这样一段心理描写："我这时突然感到一种异样的感觉，觉得他满身灰尘的后影，霎时高大了，而且愈走愈大，须仰视才见。而且他对于我，渐渐地又几乎变成一种威压，甚而至于要榨出皮袍下藏着的'小'来。"为什么会"愈走愈大"？这皮袍下藏着的"小"又是什么呢？原来是在善良的车夫面前，"我"不得不自惭形秽了。

不同的心理特征展示了不同的个性，而不同的个性又会导致不同的行为表现。对人物进行动作、语言描写同样是一种极好的办法！这可以将人物活灵活现地展现出来，同时还会揭示出人物深层次的性格特点。俄国著名作家契诃夫在《凡卡》一文中，就运用了这种方法刻画了凡卡的爷爷——一位守夜老人的形象。

"……他是个非常有趣的瘦小的老头儿，65岁，老是笑眯眯地眨着眼睛。白天，他总是在大厨房里睡觉。到晚上，他就穿上宽大的羊皮袄，敲着梆子，在别墅的周围走来走去……现在，爷爷一定站在大门口，眯缝着眼睛看那乡村教堂的红亮的窗户。他一定在跺着穿着高筒毡靴的脚，他的梆子挂在腰上，他冻得缩成一团，耸着肩膀……"

作者通过一连串的动作描写，"笑眯眯地眨着眼睛""敲着梆子，在别墅的周围走来走去"，生动刻画了一位善良而又尽职的守夜老更夫形象；又用"跺着穿着高筒毡靴的脚""冻得缩成一团，耸着肩膀"这些描写，细腻展现了一位为生计而四处奔波的穷苦老更夫！

人是活的，有说有笑，有哭有闹，喜怒哀乐都会自觉或不自觉地流露在脸上；人又是复杂的，思想和内心活动都会通过语言来倾诉交流，通过行为来展现；人还是有差异的，世界上没有两个人的模样、脾气、性格是完全相同的。由于人的这些特性，所以，你要认真思考、仔细观察，发掘他（她）们的个性，然后快乐地进行写作。

有人曾经就叙述和描写在文中的作用打了一个生动的比喻：如果把一篇文

章比作用珍珠宝石制作而成的一串闪闪发光的项链,那么串连珍珠宝石的链条就是叙述;而每一颗珍珠宝石就是一个个形象鲜明的描写。对人物、事件、环境作具体描绘和刻画,这些对象就会焕发出勃勃生机,给人以生动鲜明的印象。

[生动的范例]

第一则:

……范进不看便罢,看了一遍,又念一遍,自己把两手拍了一下,笑了一声,道:"噫!好了!我中了!"说着,往后一交跌倒,牙关咬紧,不省人事。老太太慌了,慌将几口开水灌了过来。他爬将起来,又拍着手大笑道:"噫!好!我中了!"笑着,不由分说,就往门外飞跑,把报录人和邻居都吓了一跳。走出大门不多路,一脚踹在塘里,挣起来,头发都跌散了,两手黄泥,淋淋漓漓一身的水。众人拉他不住,拍着笑着,一直走到集上去了。众人大眼望小眼,一齐道:"原来新贵人欢喜疯了。"老太太哭道:"怎生这样苦命的事!中了一个甚么举人,就得了这个拙病!这一疯了,几时才得好?"娘子胡氏道:"早上好好出去,怎的就得了这样的病!却是如何是好?"众邻居劝道:"老太太不要心慌。我们而今且派两个人跟定了范老爷。这里众人家里拿些鸡蛋酒米,且管待了报子上的老爹们,再为商酌。"

选自吴敬梓《儒林外史》

(**欣赏与点评:**范进一生苦读,参加了二十多次考试,在五十四岁时才终于榜上有名。他大半辈子为贫穷所困扰,屡遭白眼,心中梦寐以求的便是乡试中举,以改换门庭。如今真的中举,他喜出望外,高兴得竟至发疯。从此段选文中,我们可以发现作者巧妙地抓住了范进中举后的语言、动作,将范进喜极而疯的情景刻画得淋漓尽致。同时,从老太太和娘子的言语中,我们也能深切感受到其中的酸楚与不易。)

第二则:

太阳拼命似的显示着它的热情,火辣辣地炙热烤着校园花草树木。教室里电扇呼啦呼啦地向太阳示威,教师里老师与学生们正挥汗如雨,抢占暑假前宝贵的学习时间，真有点"书山有路勤为径，学海无涯苦作舟"的情境。

"铃……"校长室的电话响起，"我是熊老师呀，今天气温有36℃了，教室里老师、学生的防暑降温是不是请校长考虑一下！有几个学生气色有点不对，老师也年纪大了……"这位百事都爱管的教师就是我们今天的主人翁——同济大学附属七一中学政治高级教师，静安区政治学科带头人熊人群。同事们、学生们戏称他"熊爷爷"。

上一届莘莘学子刚刚毕业，熊人群与一批老师又挑起了新一届毕业班的重任。进入七一中学五年，他已连续执教了四届毕业班政治学科，无论是毕业班学生，还是毕业班的老师都有一个体验：累！对于年近六十的熊人群老师来说这何尝不是一次又一次的极限运动呢？

记者带着好奇来到"熊爷爷"正在上课的教室，也想目睹一下这位"上海市园丁""上海市德育先进个人"的风采。临近教室门口就听见学生们的笑声，一位中等身材、朴素干净装束的长者在教室中间比划着、讲解着，政治课也如此有趣吗？重新染黑的头发告诉我们一位长者内心勃发着的青春热情，齐眉的大耳朵与永远挂在脸上的谦逊的微笑让人难以忘怀。

——选自上海市静安区某教师文

（**欣赏与点评**：从这段文字中你是否已经领略到了一位敬业、睿智、热情且可亲的老教师形象呢？作者以简练的笔触对熊老师进行了语言描写、动作描写以及肖像描写。烈日当头，他心系的是教室里的学生和同事；上课时，他手舞足蹈、有声有色，让学生们爱上了这门学科；而他的"齐眉大耳"与"谦逊的微笑"更是凸显出一位知识分子的智慧与风度……另外，作者还运用间接描写的手法——通过炎热的天气、别人眼中的"熊老师"来衬托这位长者的不凡气质，让读者读之有味，印象深刻！）

（发表于方仁工主编，《作文就这样写》丛书，上海交通大学出版社，2009。略有改动）

4. 怎样写好议论性的小段？

有些同学害怕写议论文，误以为议论文只是空洞地讲述大道理。其实，议论文就是针对某一事物发表个人看法，提出自己的意见和建议，或表示赞成，或表达反对，这并不是一桩难事。

要写好议论文，我们可以先从写议论的小段开始。只要一小段写好了，整篇文章的写作也就变得比较容易了。现在，我们就围绕"学习要打好基础"这一观点，来试着写一段议论的话。

一般而言，在一段话的开头，我们就可以把这句重要的核心观点写下来。接着再写什么呢？我们要摆事实，讲道理，让人信服。在正面论述之后，还可以从反面进行论述。如果不打好基础，会有什么样的后果呢？通过正反两方面的论述，最后进行小结，跟开头相呼应，这样一段话便写好了。

下面，我们试着来把这段话写一下：

学习要打好基础，这已是人所共知的常识。俗话说："万丈高楼平地起，根深才能叶茂。"这些俗语强调的就是打好基础的重要性。正因为司马迁年轻时"读万卷书，行万里路"，打好了学习的基础，后来他才有可能创作出"无韵之离骚，史家之绝唱"的《史记》。正因为达·芬奇在年轻时认真画蛋，打好了绘画的基础，后来他才有可能画出《蒙娜丽莎》等不朽的作品，成为文艺复兴时期的一代宗师。正因为爱迪生、爱因斯坦等伟大的科学家在年轻的时候以"人一知之，吾十知之，人十知之，我百知之"的精神，勤奋学习，打好了基础，所以他们才有可能在后来，有了许许多多的创造发明和"相对论"等伟大的发现。历史上许多有大学问、成大事业的人，哪一个不是在青年时期就打好了学习的基础呢？反之，如果基础不扎实，即使他们能说会道，充其量也不过是漂亮而无用的肥皂泡，无法取得真正巨大的成绩。学习要打好基础，这难道不是一条颠扑不破的真理吗？

　　仔细研究这段话，我们可以发现其中包含了写议论文的许多要点。譬如：讲道理时不是长篇大论，而是引用俗语、谚语；摆事实时所选的人物要有代表性，且都是世界闻名的，处于同一个层次。在摆事实时，使用了"正因为……所以……"的排比句式，增强了行文的议论色彩。同时用词也很讲究，说明了打好基础才有成功的"可能"只是一个"必要条件"，是无之必不可，但有之未必就可，还需要其它的条件配合。点与面的结合也做得较好（如用"历史上……哪一个不是……"的句式）。在正面论述之后，再进行反面议论，正反结合，最后得出结论。

　　如果一定要用一个简要的"公式"来表示这段话的结构，那应该是：论点＋道理＋事实（正反结合）＋结论。我们写议论的小段时，只要掌握了这个要领，一般就不会出现大的偏差了。

【生动范例】

谈"生于忧患，死于安乐"（片断）

　　"生于忧患"是一句流传千古的名言，春秋时越王勾践卧薪尝胆的故事便是它最好的注解。那时，勾践屈服求和，卑身事吴，卧薪尝胆，又经过"十年生聚，十年数训"，终于转弱为强，起兵灭掉了吴国，成为一代霸主。勾践何以能得以复国？这是亡国之辱的忧患意识激发他奋发图强、催人奋起的结果。这充分说明，当困难重重、欲退无路时，人们往往能展现出非凡的毅力，发挥出意想不到的潜能，拼死杀出重围，开拓出一条生路。

　　然而，一旦有了生路，享受了安逸，人们却往往不能很好地把握，最终"死于安乐"。这方面的例子莫过于闯王李自成了。1644 年春，闯王攻入北京，以为天下已定，大功告成。那些农民出身的新官僚把起义时打天下的叱咤风云的气魄丧失殆尽，只图在北京城中享受安乐，"日日过年"。李自成想早日称帝，牛金星想当太平宰相，诸将想营造府第。当清兵入关，明朝武装卷土重来时，起义军却一败涂地，不可收拾。这不禁令我想起欧阳修说的"忧劳可以兴国，逸豫可以亡身"这句老话。险情环生时，人们能睁大眼睛去拼搏，因此化险为夷；而在安逸享乐中，意志却会消退，锐气全无，结果一败涂地。

（习作来源：百度网）

（**欣赏与点评**：写议论性小段是比较自由的，可以采用多种论证方法来讲清你要表达的主要思想。这位作者便巧妙运用了一个故事来重点阐述一个观点，令人印象深刻。值得注意的是，作者对叙述能力的把握非常到位。他以"勾践何以能得以复国？"这一问题将主题巧妙引出，然后通过故事加以阐述，以致突出"生于忧患"这个道理。中间的过渡极为自然，前文"开拓出一条生路"，后文紧接"有了生路，享受了安逸"，为"死于安乐"的论述开了个很好的头。接下来同理，作者又用一个故事来阐述另一个道理，内容紧凑而有力度，其中自然穿插名言警句来丰富自己的论证。最后，证明了自己的观点。）

综上所述，写议论性短文应从围绕某一事件发表议论开始，由此事件引申开去，深入挖掘其背后的意义，并阐发有针对性的议论。这样的短文必须具备正确、鲜明且深刻的观点，可以通过"论点＋道理＋事实（正反结合）＋结论"这样简洁的方式学写议论小段。随后，逐步掌握并运用例证、喻证、引证、对比论证等多种论证方法，用以阐述论点，进行深入的分析和说理。在此过程中，需特别注意文章结构的严谨性，要确保所用的论据紧扣论点展开。

（发表于方仁工主编，《作文就这样写》丛书，上海交通大学出版社，2009。略有改动）

5. 怎样训练自己的"概括能力"呢？

所谓"概括"，它包含两大要素：一是将具体形象的共同点归结在一起（或表达具体形象的内容）；二是简明扼要地表达。**首先**，信息筛选与整合就是概括能力的具体表现；**其次**，再进行语言的合并与转换。

首先，我们应该学会找出句子的"主、谓、宾"，这其实有点像各位小时候玩的"缩句"游戏，有助于大家对于句子的理解。

接着，我们来看看有哪些方法可以帮助我们概括段落大意。如果每一段的大意都清楚了，那么理解整篇文章也就不难了。

一、关注句群结构，直接提取中心句的范例

例：① 理想的阶梯，属于珍惜时间的人。② 富兰克林有句名言："你热爱生命吗？那么别浪费生命，因为时间是组成生命的材料。"③ 鲁迅先生以"时间就是生命"的格言律己，献身无产阶级文学艺术事业三十年，始终视时间如生命，笔耕不辍。④ 巴尔扎克，每天用十六七个小时如痴如狂的拼劲奋笔疾书，即使手臂疼痛，双眼流泪，也不肯浪费一刻时间。⑤ 他一生留下为人民深深喜爱的巨著《人间喜剧》，共九十四部小说。⑥ 这些血汗的结晶，不正是时间与生命的光辉记录吗？

段意：_____

解析：

在一段文字中，能够总结该段主要意思的句子，我们称之为中心句。有时，我们可以摘取**现成**的中心句来作为对该段落段意的概括。例如，"理想的阶梯，属于珍惜时间的人。"这句话就很好地总结了后面的内容，所以答案也就非常明显了。需要注意的是，中心句的位置并不固定，它可能出现在自然段的开头，也可能在段末，甚至可能隐藏在段中。这好似一句有用的废话，但并不意味着我们可以随意忽视对句子内容和句群结构的理解，因为真正读懂**句子内容**并发现**句群结构**才是把握段落主旨的关键。

二、关注关联词、划分层次，概括信息的范例

1. 因果关系（以某试卷试题为例）

例：

……

④ 正是在这样的背景下，民国画家普遍拙于造型，并以拙于造型为荣（为与生活真实拉开距离），工于造型为耻（以为仅仅是生活真实的再现复制）。所以，不仅新文化人发起"美术革命"，对文人"写意"画的风靡提出严厉的批评；传统的国画家中如张大千、谢稚柳等少数有识者，对文人"写意"画也提出了独到的见解，认为它不过是中国画传统的一部分而不是全部，是池沼而不是江海。谢稚柳明确表示："中国画是写实的。"张大千再三告诫他的学生："要学画家画，千万不要学文人画。"

……

原题3. **概括**第④段的主要内容。（2分）

解析：（1）关注关联词，"所以"后面通常是结论，所以内容的重点应在

"所以"之后。(2)关注"分号","不仅……（而且）"是一个递进关系复句，这表明两类人均对文人写意画提出了异议，所以概括时不能遗漏。(3)同时也应关注"果"产生的"因"，以使概括的内容更加完整。(4)在组织语言时，同样要注意选用能涵盖主要内容的中心词。

答案：新文化人及传统画家中有识之士对民国拙于造型的现状以及风气提出批评。

又如：

① 在什么样的社会，就会产生什么样的理想，什么样的阶级，更确切地说，站在什么样的立场上，戴有什么样的理想。② 在封建社会，金榜题名、衣锦还乡，往往是那些地主阶级或者是那些向往地主阶级生活的人的理想；在资本主义社会，资产阶级的理想是希望钱越赚越多，而且希望这个人剥削人，人压迫人的社会是永恒。③ 而无产阶级却要打破这个"永恒"把这个人剥削人，人压迫人的社会推翻。④ 在社会主义社会，为人民服务，实现共产主义，就成为广大人民的共同理想。⑤ 所以，我们说，理想是受一定的社会和阶级的限制的。⑥ 比如，古时候，就像屈原……

——陶铸《崇高的理想》

段意：_____

解析：

这段话各句之间有二个明显的关联词，"而""所以"，其中"所以"无疑是一个最重要的语意及其关系的标志。它揭示了①②③④句表达的是原因，而⑤句表达的是结果。⑥句的"比如"不过是对⑤句的结论作进一步举例说明而已。所以可以通过这个标志判定这个句群的中心句是⑤句，而本段的中心意思也应该是由⑤句所揭示的。

答案：理想是受一定的社会和阶级限制的。

2. 转折关系

例：课文《在马克思墓前的讲话》（恩格斯）

……① 他作为科学家就是这样。② 但是这在他身上远不是主要的。

③ 在马克思看来，科学是一种在历史上起**推动作用的革命力量**。④ 任何一种理论科学中的每一个新发现——它的实际**运用**也许根本无法预见——都使马克思感到衷心喜悦，但是当有了立即会对工业，对一般历史发展产生革命影响的发现的时候，他的喜悦就非同寻常了。⑤ 例如，他曾密切地注意电学……

怎么归纳这个段意呢？_____

解析：（1）理出句子中语义结合较为松散的句子。通过对其语境的分析理解，①②两句正是这个句群中承上启下类型的过渡句，"但是"这个转折连词后的句子是关键句。由此，②句与③④⑤句的语义结合紧密，而与①句的结合则较为松散。

（2）通过分析，可归纳③句是在阐述马克思对**科学**的实际运用观点；④句是写马克思对科学实际应用的态度和感受；⑤句则是写马克思对科学实际应用的关心的事例。很明显，③④⑤这三句阐述了马克思"身上远不是主要的"的内容，其段意的概括应是③④⑤的归纳概括。那就是**马克思作为一个革命家的最优秀的品质是实践精神**。

三、找到写作对象，
理清句与句之间的关系，概括信息的范例

（以某试卷试题为例）

注重关联词来划分层次确实是一种较好的方法，但是实际上，句群中毕竟有许多句子并不带有明显的关联词；另外，如果句群中出现了许多个关联词呢，又难以判断哪个关联词能够揭示第一层意义。所以，仅仅依赖关联词进行层次划分是不够的，它必须通过对句群语意的分析来予以验证。

○ 第七章　打下读写基础，慢慢润笔生花

1. 关注重复性语句。

例：
画舫斋记
欧阳修

① 予至滑之三月，即其署东偏之室，治为燕私之居，而名曰画舫斋。斋广一室，其深七室，以户相通，凡入予室者，**如入乎舟中**。其温室之奥，则穴其上以为明；其虚室之疏以达，则槛栏其两旁以为坐立之倚。凡偃休于吾斋者，**又如偃休乎舟中**。山石嶙崒，佳花美木之植列于两檐之外，**又似泛乎中流**，而左山右林之相映，皆可爱者。因以舟名焉。

……

原题22. 概述第1段"因以舟名"的理由。（3分）

解析：

关注题干，此题是要求我们概述"以舟命名"的理由。在阅读第一段时，我们可以发现文本围绕着"如入乎舟"展开，并给出了明显的提示性语句："如入乎舟中"、"又如偃休乎舟中"、"又似泛乎中流"。这些语句从三个方面并列阐述了"因以舟名"的理由。

所以，**答案：**①（其斋"广一室"、"深七室"，）外形似船；②（"虚室之疏以达，则槛栏其两旁以为坐立之倚"，）内部构造如船；③（"山石嶙崒，佳花美木之植列于两檐之外，又似泛乎中流"，）如置身"画"中，有乘船的感觉。

2. 根据题干要求，判定"疏密"关系。

例：

① 我想，随着汉字听写比赛的深入，会有更多古奥冷僻的词语纷纷登场。② 当然很难说这么做，一定是好或者不宜，因为许多现象不必轻易作价值判断。③ 作为一档竞技节目，我认可这样的说法，即听写那些相对常用的，而又容易写错读错或互相混淆的词语，这样对于规范我们的语言更有帮助。④ 毕竟僻字不是为了竞技节目而存在。⑤ 汉字听写比赛只会时兴一阵，而僻字作为人类文化的化石，则会长久流传下去。

原题4. 概括作者对"汉字听写大会"等电视节目的看法。（3分）

_____

_____

解析：

（1）要完成此题，就需要准确筛选和整合文中与题目相关的信息。本段文字共包含五句话，先概括这五句话的意思：① 汉字比赛的深入导致古奥冷僻的词语纷纷登场/② 对这种现象不能轻易作价值判断/③ 相对于生僻字，听写那些常用而又易错或易混淆的词语对于规范语言更有帮助/④ 对生僻字的看法/⑤ 虽然比赛只会时兴一阵，但生僻字会长久流传下去。

（2）在这五句话中，**第四句是对生僻字的看法，而非对电视节目本身的看法**，因此也就不是本题需要关注的主要信息，可以将其筛除。而第一句和第二句可以整合，剩下的信息便是**答案：对于目前汉字听写比赛中大量出现生僻词语的这种现象，我们不能轻易作出价值判断；相比之下，将比赛焦点放在那些容易写错、读错或互相混淆的常用词上，对规范汉字的使用更有帮助；否则，这类节目可能只会时兴一阵。**

例：

① 近年来，艺术史研究者越来越清楚地认识到，对艺术品的理解和研究，不能局限于图像、风格等艺术范围之内，还应拓展到作品的物质性特征和存在方式。如果对中国传统的"卷轴"这一装裱方式加以考察，我们就会发现，这种物质性特征常常是文化精神的某种映射。

② 把卷轴和西方油画的装饰形式进行比较，两者的不同显而易见。油画完成后被嵌入硬质的四边画框，意味着一种强制性的"展开"，体现出对静态的空间的占有意识。而中国书画所采用的卷轴形制，则自然引出一个"敛合"的结果。敛合意味着对空间尽可能的放弃，却隐含了时间性的要求。

③ 卷轴提供的形制，保障了舒卷的权力和自由，而在长幅横式的卷轴作

品中,舒卷过程本身就是观看活动的一个介入因素:它拒绝对全幅作即时性的呈现,而对观看范围进行必要的控制,使观看成为一个历时性的过程。具体而言,这类作品展示时,作品左侧部分随着观看的进行被陆续打开,与此同时,右侧部分则被不断收起,观看者视野所及,就是"舒"和"卷"所呈现的自然范围(约为一个手臂的长度)。这种观看方式,要求作品在展示过程中体现出"段落感",以使观看者视野中的图像保持一个相对完整而又不完全重复的空间,这样的段落空间是逐步呈现和不断变换的,因而是由时间统领和支配之下的空间。这是此类卷轴作品与静态展示的油画作品的重要差别。

……

(选自姜勇《舒卷的粉墙》,有删改)

原题 2. 分析第②段画线句在结构上的作用。(3分)

_____

_____

_____

解析:(1)本题主要考查对文中重要句子作用的把握。在解答时要注意审题,题目要求我们回答的是"结构上"的作用。但若只写"承上启下",从2009年以后的高考试题答案可见,已经不能够给予满分了,而是一定要具体写出它承接上文什么内容,又引起下文什么内容。这就要求学生能准确**概括**前后文的内容,以展现句子在整体结构中的具体作用。(2)"而"后面的内容均是围绕"中国书画所采用卷轴形制"这一问题展开的。(3)划线句的主语是"敛合",这个概念是相对"展开"而产生的。此段是"把卷轴和西方油画的装饰形式进行比较","展开"描述的是油画的装饰形式,所以"敛合"句在此处承接的是对**油画的装饰方式**的描述。(4)划线句"敛合意味着对空间尽可能的放弃,"是围绕"空间"这一概念展开的,它自然承接了前文**油画的装饰方式体现静态空间占有的内容**,而非承接解释"敛合"这个概念。

答案:画线句在文中起到了承上启下的作用。它承接了上文关于油画的装饰方式体现静态空间占有的内容（而非承接"敛合"这个概念），并引出了下文关于卷轴所隐含的时间性要求的阐释。

原题 3. 概括第③段的主要内容。（2分）

解析：本题旨在考查归纳文章内容要点，概括中心意思的能力。在解答此题时，我们首先要仔细阅读第③段，理解其大意，然后再用简洁的语言进行概括。（1）我们要筛选本段的阐述对象："卷轴提供的形制"，特别是针对"长幅横式的卷轴作品"的形制。（2）我们注意到观看过程是"使观看成为一个历时性的过程"。（3）需注意"具体而言"后面是具体阐述，不可纳入概括范畴。（4）同样，"这种观看方式"句也是具体阐述的一部分，而"因而"后面的内容又是对观看结果的描述，也可以作为答案的一部分，即"由时间统领和支配"。

答案：(1) 卷轴的形制特点使观看长幅横式卷轴作品成为一个历时性的过程。

(2) 由于卷轴的形制，长幅横式卷轴作品的观看过程主要由时间控制和主导。

读到此，你们是否对概括信息有了一些感觉？由概括一个段落生发出去，多多阅读，多多圈画，遇到较长的段落时也不必惊慌。最后，对于整文内容的把握，我们还可以采用以下策略：1. 抓住文章标题（尤其是抒情散文）；2. 关注文章的开头和结尾部分；3. 理解并把握文章各段落之间的逻辑关系（如并列、对比、递进、为下文做铺垫、为上文做例证、承上启下、前后呼应、总起下文、总结上文等）；4. 根据这些逻辑关系进行分段（如按时间、空间的先后顺序分段，或按事情的发展顺序分段，或根据内容性质的不同进行分段。需要注意的是，过渡段通常承上启下，主要是为了启下，因而分段时一般从下不从上）。

○ 第七章 打下读写基础，慢慢润笔生花

那么，让我们操练一下：

例：<center>应该认真对待文献综述</center>

熊易寒

① 在很长一段时间里，**国内学术界都不太重视文献综述**。近年来随着学术规范的逐步建立，这种情况**有所转变**，不过大多数综述都是罗列式的，报幕似的把相关研究一个一个列出来，丝毫感觉不到这些文献之间存在任何内在的关联，甚至也感觉不到这些文献与作者本人的研究有何相干。这样的**综述机械、突兀，有生拼硬凑之嫌**，称之为"伪综述"亦不为过。

② 阅读国际上的顶级学术刊物，有这么几个发现：一、书评以外的论文〔　〕有比较翔实的文献综述；二、专门的文献综述性文章〔　〕是由该领域的一流学者撰写的；三、对相关著作的征引〔　〕采取间接引用的形式，很少直接引用。这与国内的情形很不一样，值得我们思考。

③ **为什么必须有文献综述？一篇优秀的文献综述其实就是一幅学术谱系图**。写文献综述不仅是为了陈述以往的相关研究，也不仅仅是为了表示对前辈、同行或知识产权的尊重，更是为了"认祖归宗"，对自己的研究进行定位。有时候只有把一篇文献放到学术史的脉络中去，放到学术传统中去，我们才能真正理解这个文本：作者为什么要做这项研究？他的问题是什么？他试图与谁对话？我们在开始一项研究时也同样要有问题意识和对话意识，不能自说自话。对话的前提自然是倾听，如果连别人说了什么都不知道，如何进行对话？正是在倾听的过程中，我们发现了"问题"，才需要与对方进行讨论，否则便无话可说。通过**综述的写作**，我们就会知道：别人贡献了什么？我打算或者能够贡献什么？我是否在重复劳动？**从这个意义上讲，撰写文献综述首先是为了尊重并真正进入一个学术传统，其次才是利他主义功能——为他人提供文献检索的路线图**。

④ **为什么专门的文献综述性文章多由大家执笔？**这类文献综述看似简单，其实是一项高难度的工作。**首先**，必须熟悉该领域的重要文献，了解最新的研

究进展。在"知识大爆炸"的今天，要做到这一点，非有积年之功不可。**其次**，面对汗牛充栋的文献，必须具备高超的理解能力和概括能力，从宏观上把握总的研究状况，否则就不是你在驾驭文献，而是文献在驾驭你。我们（特别是初学者）在阅读文献的时候，常常淹没在浩如烟海的文献之中，茫然不知所措，有时甚至感觉被人牵着鼻子走，面对不同观点的学术论争，觉得"公说公有理，婆说婆有理"，不免犯糊涂，此乃"段位"不够所致。**最后**，这类**文献综述往往具有一定的导向性和前瞻性**，除了要总结现有研究，还需要高屋建瓴，指出现状的不足及其根源所在，**为这一领域甚至整个学科的发展方向提出建设性意见**。如此看来，专门的文献综述性文章由德高望重、造诣深厚的学术权威撰写也就在情理之中了。

⑤ 为什么要尽可能间接引用？间接引用就是作者用自己的语言表述引文的核心观点。这样做至少有两个好处：**一是重新表述需要我们先将对方的观点吃透**，然后围绕自己的核心问题和行文思路，重新加以组织，这样可以使论述更加紧凑有力。在这个过程中，我们要尽可能找出不同文本之间的内在关联，它们的分歧是什么，共识是什么，然后将众多的观点进行整合、归类。二是间接引用突破了原文的限制，可以用简洁的语言进行概括，有效节省篇幅。

⑥ **规范的文献综述**，要求学者有严谨、认真的治学态度，也需要学术刊物的大力倡导和支持。因为有了文献综述，论文的篇幅势必扩大，有限的版面会更加紧张，**但论文质量将更有保障**。因版面限制而砍去综述，实在是削足适履的不智之举。

⑦ 认真对待文献综述，对于我们的**社会科学研究而言是非常重要的**。我们不能仅仅把文献综述看作论文写作的一个步骤、程序，或者是有关方面的一个规定，更应该看到，这是知识生产过程的一个有机组成部分，<u>它不是在重复别人，它是在说出自己</u>。这不仅是一个合法性问题，也是一个有效性问题。可以说，**扎实的文献综述是一篇论文成功的一半**。

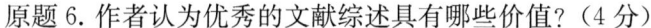

原题6.作者认为优秀的文献综述具有哪些价值?(4分)

_____

_____

解析:对文本进行概括的过程如下:首先,我们需要整体感知文本内容,并理清段与段之间的关系,把握文章的整体思路,从而概括出文章主旨(或重点内容);其次,通过已概括出的文本主旨(或重点内容),来验证和校正句与句、段与段之间的逻辑关系。

(1)通篇阅读文本,注意概括段意:①段介绍了国内文献综述的现状;②段则基于国际顶级学术刊物的文献综述现状引发思考;③④⑤段分述了②段中提出的三点,即"为什么必须有文献综述?""为什么专门的文献综述性文章多由大家执笔?"以及"为什么要尽可能间接引用?";⑥段指出规范的文献综述需要学术刊物倡导、支持;⑦段则强调了文献综述对社会科学研究的作用,认为它是论文成功的一半。

(2)在锁定题干要求——优秀文献综述的价值之后,于是我们可以根据这一要求删除一些与题干没有直接联系的段落。例如,①②段显然与题干没有直接联系,因此在概括时可以不多加考虑。

(3)从剩余的段落中,可以发现③段提到的:"**一篇优秀的文献综述其实就是一幅学术谱系图**。"④段指出:"**文献综述往往具有一定的导向性和前瞻性……为这一领域甚至整个学科的发展方向提出建设性意见**。"⑥段说:"**规范的文献综述……但论文质量将更有保障**。"⑦段则强调:"**认真对待文献综述,对于我们的社会科学研究而言是非常重要的**。"这些句子都与"优秀文献综述"的内容密切相关,我们可以将它们加以归纳。

测量目标:此题主要考察考生筛选、整合文中信息的能力。

知识内容:通过此题,考生需要准确概括文章所表现的事物特征。

答案:优秀的文献综述不仅提供了该领域的学术谱系图,为该领域甚至整个学科的发展方向提出建设性意见，还是提高研究水平和论文质量的重要保障。

综上所述，在阅读篇章段落时，要根据题干要求选择有效信息，大致可以参考这些方法：① 读懂句子，准确找出主谓宾，力求表达精炼。② 读懂段落，理清结构层次，关注关联词的神奇作用。③ 读懂篇章，合理划分自然段，通过合并或替换段意来形成整体理解。

当然，概括不仅仅是信息的筛选与整合，还需要对语言进行恰当的转换。语言的转换能力是理解性阅读的基础，而语言的转换本身也离不开概括。在概括时，应避免使用比喻、象征等修饰性语句，力求还原事物的本体。同时，应避免使用疑问、否定句，而采用肯定陈述句。如果遇到表达观点的句子运用了修辞手法或表达过于含蓄，我们应将其改写为正面表达观点的肯定句，以便更直接地传达作者的观点。

第八章

读书"有意思"
灵感"有来源"

　　这是一本能够让高中学生"有意思地"读书的书。
　　从小到大,你们是不是总想知道老师的"大道理""秘笈""方略"(总之就是神乎其神的方法论),是怎么得来的呢?本书切中高中生心理,就把老师(作者)的思考源泉展现给你们看,探秘一下老师在想什么,语文老师怎么看语文。为了给高中生更贴切的指导,为了和高中生更贴心的交流,作为一名一线教师和教育管理者,陈老师将视角延伸到探究语文教学本色、语文学科的美育思考、学校对于"大语文"学习的顶层设计,抑或是从异域反观教育的本源。由微观到宏观,让我们一路谈下去……原来——书,这样读有意思。

1. 小议语文教学本色

我国早期国语运动的倡导者之一张一麟先生在 20 世纪 20 年代就提出：国语教育是一种慈善的事业。在那个年代，开启人们的智慧，教人识字读书就好比让聋哑人能够开口说话、能与人交流，这难道不是最大的慈善事业吗？近一个世纪过去了，"国语"被我们称之为"语文"。那么，今天的"语文"教学难道仅仅还停留在一般意义上的"慈善事业"吗？当然不可。在语文教学这个深奥且复杂的学问中，前人为我们铺就了条条大路。作为一个教育的后来实践者，我试图站在巨人的肩膀上，谈谈我的语文教学观。

一、为语文教学内容减负

对于语文学科的使命，历来人们谈论不休，文学性和工具性的问题总让人"思前想后"。其实，语文学科的使命正如我们人类的使命一样，有着特定的时代背景。兼容并蓄固然不可忽视，但顾及太多则是给"语文"自寻烦恼！

语文，即语言文字。对于上述"慈善事业"而言，自然具有工具性作用。但考虑其在社会上的影响，其文学性和工具性就都不可或缺了。这样一来，我们认同了一个观点——学科德育！我们在教授美文的同时，也在传递人类美好的德行。然而，有些实践者"将语文课上成了政治课、历史课"，这让我产生了担忧！有些文本还未吃透的教师，将一些"人生道理"用"丰富多彩"的方法传授给还没来得及将课文看上一遍的学生，这样的课堂留下的只是几条学生本来就会喊的"口号"！我认为我们的语文教学初衷并不是这样的吧。语文教学是一种潜移默化的交流，一种文本、作者、读者、背景环境之间的交流。

这里，我想引用朱自清先生的《中等学校国文教学的几个问题》中关于"语文教学目的"的说明。他认为"中学国文教学的目的只须这样说明：① 养成读书思想和表现的习惯或能力；② 发展思想，涵育情感。"这两者不应分离，也不应分轻重，但理论上，前者是语文学科特性，后者是与其他学科所共同的。这难道不就是我们所提倡的学科德育的影子吗？也许在上个世纪的中国语文教育论文中还可发现更早、更直接的说明，但我认为重读此文已经足够让我们后来者受益了。

是的，语文课就要上得像语文课，培养学生运用语言文字的能力，养成学生"读书思想和表现的习惯或能力"就是语文学科的使命之一。那么，如何培养这种习惯和能力呢？仅凭德育理念是不够的！一些基础知识非记不可！前些时日，《文汇报》就刊载了一位老教师对于小学生没有计算器、高中生没有网络、大学生没有辞条就寸步难行、哑口无言的教育"成果"提出质疑。作为语文教育的实践者，我们不可认为"一讲'字词句'就是过时，就是不识时务的表现"。我们应该清醒地认识到，德育不是生硬地压在语文的头上，这样表面上虽然"德"是"育"了，但是底座"语文"却畸形了，根基畸形了，衣冠也就穿戴不正了！其实，教师的一颦一笑，一举一动，都会让语文学科潜移默化地发挥它的教育功能。

二、对语文教学过程的几点想法

（一）审视"师生平等对话"

在教学过程中，我们曾习惯于填鸭式的教学方法。经过多年的教学实践与学习，我们发现以教师为中心的传授方式并不能充分发挥学生的潜能和创造力。在"教学活动中谁是中心"这一问题上，我们做出了大胆的尝试，即推行以学生为中心的教学方法。但是我们发现理论与实际有时总有些差距，教学实践中总不免会走些弯路。有些教师甚至为了改变"教师主导"的旧观念，一下子走入了"上课教师讲得越少越好（不论何内容），学生怎么说都好"的误区。甚至有的地方将其改头换面，变成了课堂教学评价标准之一。这种"走极端"的做法正如同孙绍振教授所说的："我们常常忽略主体之间的平等对话。过去长期压抑学生主体性，现在却向另一个极端发展，完全藐视教师主体性。"

为了解放被压抑的学生们的主体性，我们付出了巨大的努力，并且仍在继续努力；难道我们还要在又一次的经验教训中去解放被压抑的教师们的主体性吗？"师生平等对话"同样不可忽视教师的指导、传授作用。只是教师有时需要"放下架子平等对话"，学生需要"抬起头平等对话"吧！

（二）老生重谈"教学做合一"

1917年，从美国学成归国的陶行知致力于中国的教育改造，师从实用主义教育家杜威的他，明确指出："先生的责任不在教，而在教学，而在教学生学。"故而，他首将"教授法"改为"教学法"，而后又将"教学合一"发展为"教学做合一"。今天我们重读的目的就是要进一步明确"教学做"的内涵。

首先，关于教的内容，我们在此不多探讨，用陶行知先生的一句话"教你识民权的字，不教你拿民权；教你读民主的书，不教你干民主的事"来互相警示！

其次，在这个复杂的、互动的、连锁的过程中，我们要注意这个活动的主体是双方。要注意发挥双方的主体性和创造性。

最后，一个好的教师应该是善于"教学做"的，一个学生也应如此。能教会学生"学"的教师才是好教师，正如我们常常说要"授之以渔，而不授之以鱼"。我们应该努力在教材、教法上下功夫，多培养出些生产者、建设者、创造者、发明者。

（三）建设新课程下的教学"生态系统"

"课程"在拉丁语中的词根意是"跑道",因此,课程被视为"学习的进程",它不是静态的,而是动态的。实际上,前文已经从不同角度阐述了这个"动态"的某一方面。李元功老师在《新课程的概念重建和教师的实施策略》一文中指出,"我国课程是教师、学生、教材、环境四因素动态交互作用的'生态系统'。"我认为,在新课程、新教材、新课标的运用过程中,建立一个"生态系统"是有利于学科建设的。

对于新课程对教学过程本质的解释,李老师认为"教学中互动交往的属性决定了教学过程的特性：① 交往的意义关系——共同主体,这体现了教学过程的民主性。② 交往的准则——相互理解,这体现了教学过程的合作性。③ 交往的运行机制——视界融合,这体现了教学过程的创造性。④ 交往的存在状态——全息互动,这体现了教学过程的发展性。"

那么,语文教学就更应该立志于形成一种具有良好生态的教学系统。无论是教师、学生还是教材,甚至环境,都应纳入这个系统当中。当然,有些改革必须从教育体制入手,有系统地进行。

教育是一个充满挑战的舞台,而语文教学更是一个令人神往的舞台。让我们和学生们一起从教学活动入手,做一些力所能及的探索与实践,留下几分语文的本色让后人评说。

参考书目：

1. 顾明远,孟繁华. 国际教育新理念：第1版［M］. 海口：海南出版社,2001.

2. 顾黄初,李杏保. 二十世纪前期中国语文教育论集：第1版［M］. 成都：四川教育出版社,1991.

3. 李元功. 语文教学艺术与思想：第1版［M］. 北京：人民教育出版社,2004.

4. 钱理群，孙绍振. 对话语文：第 1 版 [M]. 福州：福建人民出版社，2005.

参考论文：

1. 陶行知. 教学做合一下之教科书 [J]. 中华教育界，1931：19（4）.

2. 朱自清. 中等学校国文教学的几个问题 [J]. 教育杂志，1925：17（7）.

3. 蔡元培. 国文之将来 [J]. 新教育，1919：2（2）.

4. 李元功. 新课程的概念重建和教师的实施策略 [M] //李元功. 语文教学艺术与思想. 北京：人民教育出版社，2004.

2. 浅论语文教学的美育基础

语文教学具有丰富的美育内容，其美育特征是非常明显的。美育，又被称为审美教育。论其古老，中国可追溯到春秋战国时期，西方则可追溯至古希腊、罗马时代。论其历久弥新，直到席勒的《美育书简》（1873）的出现，人们才真正开始专门论述美育。语文教学内容包含着美的篇章、美的语言、美的意境和美的形象，语文学科的教学过程中蕴含着丰富的美育内容，二者始终辩证地统一在一起。

"文质兼美"的学科特点，是极好的美育出发点。汉语文字的"音、形、义"特征，语言与思维在美育中的外显与内隐的关系，以及师生生活积淀，均是教师实施美育的基础。

一、汉语中"音、形、义"美的特性

教育家吕叔湘说："语文只重视文字，不重视读音，就等于'半身不遂'。"若将汉语文语音特性融入教学中，既丰富了教学内容，展现了炼字炼句的妙处，又提升了学生的审美情操，在潜移默化中进行了情感教育。

先说"音"与"义"。在教材中有着太多展现语音美的教育资源。例如，《西厢记》之《长亭送别》中的［正宫·端正好］一曲："碧云天，黄花地，西风紧，北雁南飞。晓来谁染霜林醉？总是离人泪。"其连绵起伏的读音和时慢时快的节奏，不正是崔莺莺对张生依依不舍的复杂心情的写照吗？如果把握好"音"，实际上可以深化学生对美文的理解。

再说"形"与"义"。汉字的书法艺术体现了汉语的形象性，形成了中国思维形态中意象的审美观。文字学上通行的"六书"的名称与顺序是：① 象形 ② 指事 ③ 会意 ④ 形声 ⑤ 转注 ⑥ 假借。用"六书"的理论和方法分析汉字的结构，基本上是合理的。只是应该指出：前四种是汉字的造字方法，后两种则是用字之法。

以象形为例。《说文解字》云："象形者，画成其物，随体诘诎。"通俗地说，象形字就是用线条来描画事物形状的文字。其最大特点是描画客观事物的形状，这也体现了思想的演变。

以指事为例。《说文解字》中提到："指事者，视而可识，察而见意，上下是也。"通俗地说，指事字是用抽象的符号表示的，人们可以结合自己的生活经验和阅历来领会它的意思。

以形声为例。形声字是一种半表音半表意的文字，由形符和声符两部分构成。《说文解字》中定义："形声者，以事为名，取譬相成，江河是也。"形声字的声符，有一类是纯粹表音的，如"花"从草化声，这个"化"就是纯粹表音的声符。

汉语中"音、形、义"三者是相辅相成的。例如，在高中教材朱自清的《荷塘月色》中，作者是怎样描写那令人心醉的月夜荷花的呢？以"田田的叶子""像亭亭的舞女的裙"为例：在常人的词典里，"田田"似乎与"叶子"并无关联，但细细品味，这"田"字不就像荷叶的叶面和叶茎吗？要想象并描绘出如此生动的形象，恐怕只有文学大家才能做到吧。再看"叶子出水很高，像亭亭的舞女的裙"，我们不妨猜想一下这"舞女的裙"是怎样的？答案就在汉字之中。看"亭"字，它不正像一位单腿独立、裙摆撑开着的芭蕾舞演员吗？她优雅精致的气质不就是月下荷花的写照吗？这样来学习语文，自然能读懂朱自清的情感，同时也在无形中接受了美的教育。

二、"语言和思维"
　　是美的外显和内隐

语文通过语言和思维这两个核心因素的相互作用，促成"听说读写"的思想交流过程。一个人在生活实践中遇到某个问题，他的头脑会针对这个问题以语言为工具，对已有的知识经验进行思维加工，最后形成认识，这就是思想，然后通过语言来表达这种思想。

语言和思维永远是一对不可分割的姐妹，当接纳了某种语言时，就意味着打上了某种思维形态的烙印。中国思维形态是建立在汉语基础上的一种独特的思维表现，它以道德为思维"底线"，强调经验和直觉认知，重视整体关联，这与西方思维形态以理性为思维"底线"，重局部、分析、推理、实证是截然不同的。我们拥有的优势思维形态，如严格的次序观、和谐的整体观、意象的审美观、发散的变通观等，是西方思维形态所缺乏的。但是，随着各种文化的冲击，对于有些学生来说，新的语言暴力正在侵蚀着他们的语言与思维。

在学生眼中，这些词并不陌生："BF"（男朋友）不是拼音，是英文 BOY 和 FRIEND 的缩写；而"PMP"（拍马屁）不是英文字母，是汉语拼音的缩写；他们张口闭口都是"YYDS""酷毙了""帅呆了""粉丝"……由"粉丝"衍生出的，比如郭德刚的迷恋者被称为"钢丝"。当一些戏谑性的词汇堂而皇之地出现在大众视野时，有些学生热衷于追逐流行，不以写不规范字、说不规范词为错，反而把这种行为视为时尚！

事实上，语文教师可以利用外显的语言和内隐的思维来解决学科问题。例如，在纠正学生错别字时，我们可以讲述文化故事。很多人误将"倒楣"写作"倒霉"。之所以出错，其原因就在于不知道"倒楣"的来历。据考证，该词大约出现在明朝后期。明朝因袭科举取士制度，为了求吉利，临考之前，有考生的家庭一般都会在自家门前竖起一根旗杆，以此为考生打气壮行，时人称这根旗杆为"楣"。依据当时惯例，揭榜之时，谁家的学子榜上有名，原来自家门前的旗杆可以照竖不误；如果不幸失利，该考生的家人就会把自家的旗杆放倒撤去，叫做"倒楣"。后来，这个词被愈来愈多的人用于口语和书面。可见，汉语"内隐"与"外显"的特点就是教育的好抓手。

三、生活是美的摇篮

黑格尔说："美只能在形象中见出。"无论自然美、社会美、艺术美，还是崇高、滑稽、优美，都不能脱离具体可感的形象。生活是艺术的再现，艺术形象来源于生活，这无疑是语文美育的摇篮！要体会生活所折射出的美感，我们一定要有两个重要的工具——观察和体验。

（一）观察

我们知道，文学即人学，它反映了人的现实生活和精神生活的广阔性、丰富性和深刻性，对人格的形成以及包括情感、个性、气质、心理品质等在内的精神世界的生长有着直接影响。学生在日常学习生活中的观察能力，直接决定了他们接受信息的反应速度和深度。

比如，学生同在一片蓝天下生活，有的觉得生活绚丽多姿，眼中的一切都是充满激情的，口头表达和写作时文思泉涌，挥洒自如；有的觉得生活平淡无奇，索然无味；有的甚至感觉生活是黑暗的，总带有一种玩世不恭的态度。其实，一个对生活无动于衷的人，怎能对社会有"美"的付出呢？因此，若想让学生在语文学习中获得美的享受与陶冶，关键在于要使学生学会观察。我们要使学生成为生活的主人，而非旁观者。在时间的洗礼下，学会用美的眼光去审视生活，领悟生活的真谛。

（二）体验

由于充满活力的学生正处于叛逆、好奇、善思的阶段，他们开始对生活有了自己的独到见解。但因为受到自身阅历、学识水平、思维方法、社会环境等诸多因素的限制，他们得出的结论有时往往偏激或有偏颇之处。

教师若重视学生个性化表达和创造的自由，给予学生体验的机会，那么学生的审美能力便会随着实践与认识的发展而不断提高。在教授课文时，除了引导学生体验感情外，还要扩展情思，领悟深层意蕴。即教师要启发学生从情感的逻辑去理解对象的丰富性和复杂性，引导他们从情感共鸣深入到对社会、对人生、对宇宙更深层次的体验，去发现个别感性形式所表现的普遍的感性内容。

语文教学应致力于培养学生观察生活的习惯和能力，让学生在观察生活中去体验和创造性地表现生活中的美。我们要注重培养学生观察生活的习惯，通过提高他们的观察能力，进而提升他们的艺术表现力和创造力。

综上所述，语文学科的美育旨在通过语文学科教育活动进行美的教育，教导学生如何感知美、理解美、鉴赏美、评价美、创造美。我们要帮助学生树立正确的审美观点，培养健康的审美情趣，形成崇高的审美理想。让学生通过发现美、感受美、欣赏美、创造美，逐步形成健康的审美心理和高尚的审美情操。这样，学生不仅能够成为美的播种者、耕耘者，而且整个美的教育过程本身也是美好的。

3. 浅谈语文老师的"看家本领"
——语言与板书

当今社会，信息技术进步给我们带来的惊喜，早已不是只言片语就能概括得了的。信息技术介入语文教学也早已不是新鲜事，然而，在我们语文教师运用技术辅助教学时，万万不可将我们曾经赖以生存的语文教师之"看家本领"——"精妙的语言和精炼的板书"抛诸脑后。因为审美的课堂需要语文教师"美"的表现。

一、锤炼 精妙的语言

学生的语文"学得"依赖于教师的言教来实现，而"习得"则是通过对父母及他人言行的观察、模仿，靠自发的直接感知，在潜移默化中逐渐获得。从"教者"这一角度来看，"习得"更多依赖于"身教"，而学校语文教育的核心——"学得"，则是在经过专门训练的语文教师指导下完成的。其特点在于自觉、理性、有序、有计划、有步骤，因而也是更为高效的语文学习活动。在此过程中，不可避免的要用"语言"来传播知识。我们常说的"口才"无疑是语文教师不可或缺的基本功之一。为了让学生在语文课堂里享受美的熏陶，语言功底是我们教师不可忽视的内容。

那么，语文教师如何锤炼出精妙的语言呢？

朱绍禹教授曾精辟地指出："语文科是语言学科，同时也是思维学科。"这样的认识揭示了语文科的本质。在当前的语文教学中，对语言和思维的同等重视已成为众多国家的共同做法，也是世界性的趋势。而在我们过去的教学中，曾有过文道关系之争、读写地位之争、讲练比重之争、语言因素和文学因素之争，却唯独很少涉及语言和思维的各自地位及相互关系的深入讨论。"这足见我们对这一关系语文科根本性质问题的认识的不足。"这种"不足"直接导致了许多教师对自己的语言和思维的磨炼不够重视。

作为语文教师，要想使得语言"有味"，并在可能条件下引发学生丰富的联想，从而激发学生对语言的亲切感，语词的多种储存与恰当选择是至关重要的。如果没有足够的语词储备，或者不能恰当地选择语词，教师的语言就会显得乏味，这不仅可能受到学生的嘲笑，还会直接损害语文教师在学生心目中的形象，甚至会导致学生在表达时千人一腔的恶果。

语文教师要注重向范文、名著学习，多多揣摩语言的准确性、多样性、含蓄性等；同时，语文教师还要注重向社会学习，从生活中寻找那些能够活灵活现地刻画对象、叙述事件、表达情感的语言。在学习社会语言时，教师应教导学生避免沾染流行语言中的某些恶俗现象，或是随意地使用不规范语言。我建议定期阅读刊物《咬文嚼字》，以纠正一些平日不太注意的"小问题"。值得注意的是，随着社会节奏的加快，文化的相互撞击，导致我们许多一线语文教师也会情不自禁地使用一些"时髦"用语。如果说为人师表的教师都如此轻易地使用不规范的语言，那学生又哪有抵抗不规范语言的能力呢？加之现在媒体使用语言时常常会出现许多错误，这也给我们教师带来了更大的挑战！

当然，一位合格的教师在使用语言时，决不会不看对象、不看场合的。我们要求教师要在准确理解语词含义的基础上，再丰富它所描述的对象的性质特征。因此，教师在语言上应有"锤炼"的精神，而不是不看对象的炫耀自己的口才。

语言作为思想的直接显现，语文教师在教学中还应提高自己语言的幽默感（幽默相对于笑话和滑稽显得深沉、高雅，而相对于讽刺与机智，则显得温和、含蓄、稳健与自然)、机智感（智慧、灵活的体现），这对于语文教师传达美、再现美、创造美有着极大的推动作用。这样的教师自然会受到学生的敬佩和喜爱。

学生语文素养的获得，必须由语文教师根据言语教学规律，遵循学生心理发展的特点，通过对学生进行科学而系统的语文能力训练来完成。

二、书写与板书设计

隶书整齐安定，其上下左右飞挑的笔势能在安定中展现出飞动的美感；楷书结构方正，圆通大气，稳定中透露出豪放传奇的美感；草书则把中国书法的写意性发挥到了极致，行如走风，一气呵成，化断为连，给人以奔放跃动的动态美感；行书既有楷书的工整，又有草书的飞动，伸缩自如，平易求实，流露出无尽的流动的美感。汉字的书法艺术能够塑造我们意象的审美观，使我们在认识事物时强调主体和客体浑然天成的关系，即"天人合一"的哲学理念。语文教师能否通过书写为学生带来美感呢？答案是肯定的。

为了传承、展现汉字博大精深的文化内涵和无与伦比的美感，语文教师就应该具备一手好字。然而，在电脑打字盛行的时代，写不来字、写不好字已经成为一些人的通病。这样的人若担任语文教师，又该如何让学生欣赏到中国文字的优美呢？学生又如何能体会中国文字的优美呢？据有关调查，许多学生表示，课堂上最初吸引他们的是"老师的字"，有时甚至影响到学生对教师的信任程度。因此，练好字是语文教师不可或缺的基本功。我们不能忽视这个潜移默化的教育环节。

此外，教学经验丰富的教师，在认真钻研教材、了解学生的基础上，一定会设计一个精炼的板书。恰当的板书能够直观形象地展现文本的奥义，给学生带来赏心悦目的艺术享受。

（一）看似随意，自然再现

板书是一堂课重点内容的再现。师生互动中的提问、质疑、讨论、回答是板书形成的主要依据。在语文教学中，可利用故有的课题、作者等简要信息，简洁地勾勒出所需的主要内容。

例如：杨绛的怀人散文《老王》

几件小事	老　王	杨绛（情感变化）
1. 送冰 2. 送医院 3. 送香油、鸡蛋	老实 善良，古道热肠 渴望朋友、平等	感谢 感激 同情、愧怍

注：深色是常规课题，波浪线处是师生互动所形成的板书内容。教师在最后总结时，可以很自然地把外框勾勒出来，毫无做作之态！

（二）层次清晰，学生填空

课堂的主人是师生双方，我们没有任何理由将板书权完全掌握在自己手中，让学生参与到设计中来是一种极佳的互动方法。

例如：新诗《星星变奏曲》的板书：

星星变奏曲

对照铺排

如果	如果
谁不愿意 ＝（愿意）	谁愿意 ＝（不愿意）
每天都是一首诗	苦难的诗
柔软的晚上	夜晚冻僵
星星落满天	火涌出金黄的星星
一团团白丁香	
（否定反问句）	（肯定反问句）
↓	↓
但（理想境界 **得不到**）	但（现实困境 **逃不掉**）
（谁不喜欢 ＝ 喜欢）	（谁不喜欢 ＝ 喜欢）

注：这个新诗《星星变奏曲》的板书设计非常清晰，它将作者"愿意"与"不愿意"两种心境表露得一清二楚，使学生易于掌握诗歌主旨。经过师生交流后，共同填充括号中的内容，我们并不要求答案完全相同。教学是一门充满变化的艺术，它是鲜活的，不同的学生会在交流中擦出不同的火花，这对教师来说既是挑战也是教学的乐趣。在填充和分析的过程中，知识能力也得以融入其中。板书不是刻板的文字，而是师生随堂思考的体现，也是学习过程的展示。

（三）画龙点睛，以少胜多

精炼的板书不仅有助于学生理解和记录课堂内容，还有利于培养学生的概括能力，同时也能展现出教师言简意赅的语文功底。关于经典散文《荷塘月色》的板书设计可以说是数不胜数，虽然电子版层层递进式的板书设计也确实让人眼花缭乱，但传统的黑板板书依然有其独特的魅力。下面介绍一下我在教学实践中采用的黑板上的传统板书设计。

例如，朱自清散文《荷塘月色》的板书：

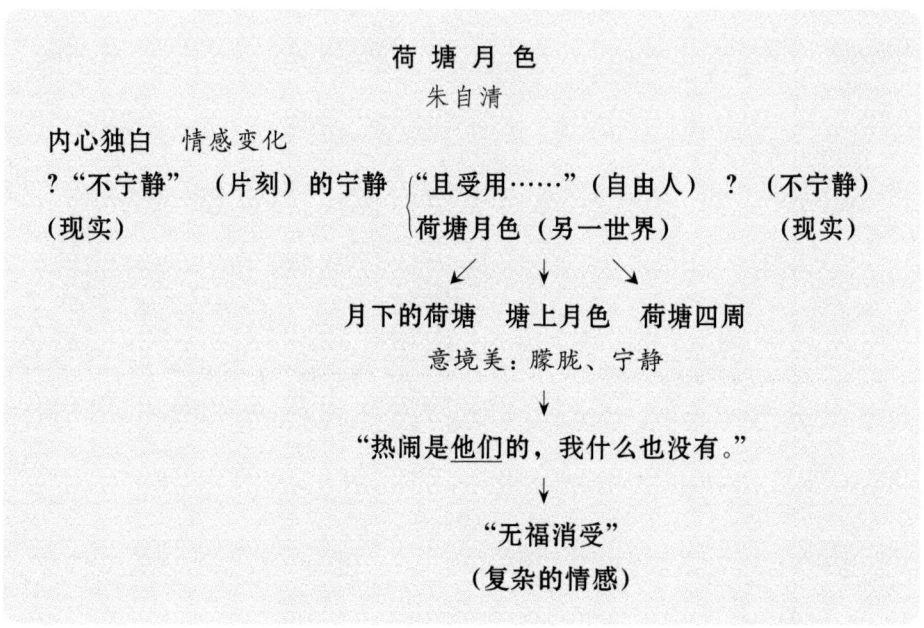

注：此板书尽量从文中取材，以感情为主线，将意境美集中的段落作为分析鉴赏的重要角度，丰富了课堂内容，为学生提供了美的享受。板书贯穿于整堂课中，有时寥寥数笔，勾勒重点；有时详细说明，深入分析。这里不仅展现着作者和语文教师的智慧，也体现了学生的思考和理解。通过这样的板书，学生可以更加清晰地看到文本的结构美、语言美和逻辑严密性等。

在教学实践过程中，语文教师一次次精彩的"教学活动"为学生带去了意想不到的美的享受。通过口述和手写这种"言传身教"的方式，会让学生因为"爱"上老师而爱上语文，所以无论信息技术、外在设备多么先进，锤炼语文教师的"看家本领"依然至关重要。

4. 浅析如何提升语文教师的美育修养

作为美育活动的实施者——教师，其素质将直接影响甚至决定着美育能否得以顺利实施及其效果。语文教师要不断提升自身的审美能力，具备审美的感知力、行动力，要善于发现美、感知美、捕捉美、展现美、创造美。要做到这些，就需要长期的积淀和修炼。本文从教学实践出发，从**学习美育理论**、**增强审美敏感**、**提升艺术表现能力**三方面入手，浅析如何提升语文教师的美育修养。

一、学习美育理论

（一）美育理论水平欠缺的现状

长时间以来，薄弱的美育理论导致语文教师在美育实践中底气不足。在一段时间内，美育在学校教育中无地位可言，就更谈不上理论研究了。现在，美育已引起人们的重视，但将美育单一化，孤立起来看的现象仍然较为严重，最突出的是对美育内涵理解上的片面性。什么是美育？现在有多种回答，美育是"美感教育""情感教育""艺术教育""美的教育"，等等，这些理解往往将美育内涵界定在较狭窄的范围内。我国对美育理论的阐述主要散见于教育学、部分思想教育课教材以及部分学术刊物中，教育学教材一般把美育作为一章来安排，把它作为全面发展教育的组成部分，与德、智、体、劳相并列。就其份量而言，远不能与德育、智育相提并论。

现在对美育较为常见的表述是"美育即审美教育"。这种提法比较接近美育的本质和特点，但仍不能涵盖美育内容的所有方面。因此，它不利于保证美育在学校教育中的文化地位，也就不利于培养学生全面的审美素质。现在有人提出"美育是美学方面的教育"，赵文华老师认为这个提法很有道理。"因为'美学方面的教育'，'绝不是美学的某一个方面，而是所有方面。在总体上也包括一切美学知识方面，一切审美方面和一切艺术方面。'这就能够更好地阐明美育、美学和教育的内在联系，以及美育与审美、与艺术、与美学文化知识的教育之间的关系。"由此可见，美育比艺术教育要丰富、广泛得多，把美育单纯地限于艺术教育，就不利于非艺术方面（如自然美、崇高美、人生美等）的审美素质的培育。故而，学科美育渗透这种教学观念在今天理应有它的发展空间。

（二）学习并实践美育理论

狭隘的美育观必然影响着体育、音乐、美术以外的教师实施美育的自觉性、能动性和创造性。学校美育的一个重要特征就是审美教育可以寓于所有学科的教学活动中，除了我们一般意义上所说的体音美课程外，如语文学科的语言美、思想美；数学学科中几何图形的美、思维过程的美；物理、化学学科的思辨美；生物学科的自然美，等等。作为母语教师，我们怎能放弃这个美育的舞台呢？学校美育的另一特征是，在丰富多彩的课外活动中充满着美育成分，如文体活动、团队活动、社会实践等，因此，我们要达成"美育是大家的事，美育与丰富的教育教学活动相联系"，"寓美育于各科教学之中"的共识。

所以，作为一名教师，除了具有本学科的专业知识和能力外，还应具备必要的美学知识和审美修养，具有明确的美育意识，应自觉、主动地把美育贯穿于学科教学之中。此外，教师还应在日常行为中表现出自己美的修养和风范，以言教和身教来达到学科的美育效果。特别是在高中阶段，学生有强烈的选择性,他们喜欢评价教师的动作、语言、衣着、甚至书写,因此,万万不可忽视教师的榜样作用对学生的影响。

作为培养教师的教育部门,赵文华老师认为当前应当着重抓好三方面的工作:一是充实和加强教育学、思想道德修养这两门课中的美育教学内容;二是开设选修课和系列专题讲座,加强课外美育活动;三是力争在师范院校开设美育必修课程。我认为这不失为一个解决源头的好方法,加强美育理论的建设、普及及实践是使美育上新台阶的当务之急。

二、增强审美敏感

著名的美学家朱光潜认为:"美感教育是一种情感教育。"情感教育就是美育,它的直接作用在于塑造心灵美,培养高尚的情趣。正因为美育是一种情感教育,情感又是不能强迫的,因而美育具有诱发和疏导特点,对美的热爱要靠美的自身的魅力唤起。作为传播美的使者,如果自己都对学科中的美育因素视而不见,或是无动于衷,或是冷漠淡然,毫无感情可言,那么这些使者又将如何播撒"美"的种子呢?

语文教育的意义绝不仅仅在于教给孩子某种知识和技能,更重要的是,它要通过一篇篇凝聚着作家灵感、激情和思想,代表人类创造的精神财富的文字,潜移默化地影响一个人的情感、情趣和情操,影响一个人对世界的感受、思考及表达方式,甚至一个人的世界观、人生观和价值观。正如范仲淹在《岳阳楼记》中写道:"登斯楼也,则有心旷神怡,宠辱皆忘,把酒临风,其喜洋洋者矣。"除了文字的优美以外,师生共同感悟到的应该还有范仲淹"先天下之忧而忧,后天下之乐而乐"的博大胸怀吧,这种情感上的交流不是靠读读教参就能完成的,它需要教师具备旺盛的审美情感去理解,去领悟。

那么,语文教师该如何增强语文审美敏感呢?

（一）培养深沉细腻的感情

人的全面发展应包含感性和理性的平衡，教育不仅要促进个体抽象思维、逻辑思维等理性能力的发展，而且还要促进感知、情感、想象、直觉等感性能力的发展。缺乏感受的教育是不完全的教育。要具有强大的感受力，就离不开"感情"的储备。

语文教师应成为一个"情感"专家，他不仅要具备对情感真切、敏感地把握的能力，还应具有感染学生的能力。尤其是面对高中学生丰富的情感世界，感染他们不是靠"哄骗"，而是要"打动"。美的事物之所以能感染人，例如："感时花溅泪，恨别鸟惊心""蜡烛有心还惜别，替人垂泪到天明"等，都是把无情景物染上情的色彩，再形象化地表现出来。固然这与美的形式有关，但在根本上是由于其内在品格，即蕴含在美的事物中的人自身的创造。要借好这种力量，教师就要不遗余力地培养自己深沉细腻的情感，能敏锐地获取事物中的情感，并用情感去感染学生。例如：戴望舒的现代诗《雨巷》《我用残损的手掌》，余光中的现代诗《春天，遂想起》。忧国、爱国、思国的丰富情感只有通过深沉细腻的感悟才能发掘出这些美文的奥义。

（二）培养健全高尚的人格

审美是一种复杂的精神活动，它既包含人对形象的直觉认识，还有渗透着在这种情感之中的理智和道德感。所以，教师本身要具备正义感，热爱生活，精于鉴别。教师在教授文学作品时，要注意审美情趣的高低、雅俗之分。例如：伟大的现实主义诗人杜甫，他生于大唐王朝由盛转衰的急剧变化时期，封建社会固有的矛盾都日益激化和加深，加之"安史之乱"，杜甫被卷入社会底层，他饱经了时代的风雨，亲历了人民的苦难，满腔忧国忧民的情志只得寄托于诗文之中。又由于杜甫一生遭逢时事艰难，诗人不断为民高呼，呼吁国家太平、干戈止息。杜甫这种矢志不渝的爱国爱民思想，正是培养和熏陶学生的基点。分析"三吏三别"、《茅屋为秋风所破歌》，一种爱国爱民的思想和情感油然而生。为何会"生"？除了作品的魅力，更有教师的情操!

然而,某些时尚的影响使得我们有些教师忘记了自己的身份,不假思索地向学生中的"时尚思潮"靠拢,美其名曰"生本主义"或是"和学生打成一片"。我认为这是媚俗和水平欠佳的表现。培养健全高尚的人格,对于今天的教师是极为重要的。教师的年轻化,让我们看到了希望,同时也不免有些担忧——独生子女教育独生子女的问题也日益显现。当然,在多元化的社会中,健全人格不是那么容易做到,也不是一刀切的标准。但我们至少懂得,健全的人格意味着:"道德高尚,性格完善,个性和谐发展的健康人格。"[①]

三、提升艺术表现能力

有人说,语文教师就是一个杂家。语文课堂就需要语文教师拥有一定的艺术表现能力,即具备绘画、音乐、表演、朗诵等能力。这些艺术表现能力建立在教师对文本的理解、对学生的了解之上,那么它的美育功能将不可小觑。

比如:在现代文教学中,教师能否声情并茂地朗读;在小说戏剧单元,教师能否具备一定的角色演绎能力;在古诗词教学中,教师能否用古音范读古诗词……又比如:在教授建筑文化内容时,教师能否有足够的见识去讲解;在教授人情世故时,教师是否有足够的修养德行去阐释人生的意义……甚至对文物、兵器、服装,对时尚、古典都能有一二见解的话,我们的学生怎么会不陶醉于我们的课堂?怎么会不提高他们的审美品位?事实证明,课堂上的审美引导对学生的影响是巨大的,也是终身的。

当然,教师在运用这些技能时,一定要从学生的角度出发,去感受他们的

---

① 潘纪平.语文审美教育艺术及审美素养[M]//潘纪平.语文审美教育概论.武汉:湖北人民出版社,2005:381.

感受、信念和态度，并有效地将这些感受传递给他们，他们就会感到被理解和尊重，从而产生温暖感、满足感和美感。

　　总之，作为语文教师，在日常生活中要逐步养成时时、事事中寻找美育因素的好习惯，在寻找美育因素的时候，我们必不可少的就是情感投入。情感是审美过程中动力性因素，审美就是主体与美的对象不断交流情感、产生共鸣的过程。王国维所说："以我观物，故物皆着我之色彩。"为什么"皆着我之色彩"？因为"我"是一个有情感的高级动物，正如一千个人眼中有一千个哈姆雷特，不同的情感下所产生的感受也是大相径庭的。但不论怎样，美育过程就是一个情感交流的过程。情感交流的基础是要有情感，否则就是"无米之炊"了。

　　当然，语文审美教育活动中的情感包括客观存在的情（如文章情）、教师情和学生情，只有三情交融，和谐共振，才能弹奏出和谐乐章。人民教育家于漪老师的教学为我们提供了成功的范例。她每教一篇课文都要先体会作者的思想感情。她在准备《周总理，你在哪里》这首诗时，浮想联翩，她是用泪水编写教案的。文章情激发起教师情，教师在教这首诗时，就调动各种手段激发学生感情，把他们步步引向感情的深处，使学生耳边仿佛响起高亢悲壮的旋律，进入天地万物共悼总理英灵的诗情境界。

　　如果教师没有"深沉细腻的感情"，没有"健全高尚的人格"，没有"高超的艺术表现力"，那么他的课堂又将是一个怎样的情景呢？他的课堂又将如何传承《孟子》的理趣、《三国》的智趣、《水浒》的义趣、《红楼梦》的情趣呢？他又怎能读懂老庄的玄妙、太史公的深邃、东坡的旷达、易安的细腻呢？他又将如何与浮士德的探求、保尔的顽强、圣地亚哥的拼搏达成共识呢？我们渴求知识的学生又该如何是好呢？所以，我们要责无旁贷地开展学习美育理论、增强审美敏感、提升艺术表现能力等活动……以提升语文教师的美育修养。我们一直在路上！

5. 语文学习"场"建设的探索

费孝通先生在《乡土中国》一书中《旧著〈乡土中国〉重刊序言》一文的一段话燃起了我的新思考，他这样阐述教书的境界："……我并不认为教师的任务是在传授已有的知识，这些学生们自己可以从书本上去学习，而主要是在引导学生敢于向未知的领域进军。……"这也是一位社会学家对于教与学模式革新更高的期许。那么，如何看待语文教学本色，如何提升教与学呢？在本章《小议语文教学本色》中，我提出"建设新课程下的教学'生态系统'"。对于一个学校的语文学科建设来说，可以自营一个小型"生态体统"——建设语文学习"场"，从而提升新课程、新教材背景下的语文学习。

一、学科核心素养发展视点下语文学习"场"指向的探索

"场"是一种物理空间和计量单位，而本文所指的"场"则是为语文学习提供具有包容性、综合性的学习氛围和途径。新的高中语文课程标准凝练出**语言建构与运用**、**思维发展与提升**、**审美鉴赏与创造**、**文化传承与理解**四大语文核心素养，这标志着语文学科开始在科学理性的关照下，更多地走向人文品格的发展与提升。同时，课程标准也指出：语文课程是一门学习祖国语言文字运用的**综合性**、**实践性课程**。因此，我们需要构建包容性、综合性的语文学习"场"，以满足今天乃至未来教育的需求。

高中阶段新教材是以**人文主题**和**语文学习任务群**两条线索组织单元的，旨在**重视培养解决真实情境中复杂问题的能力**。正如余党绪老师所说：核心素养如何达成？……是要围绕具体情境中遇到的问题来布置任务，在完成任务的过程中，学生要运用自己的智慧；在做事儿过程中，自主地、自然地积累语言文字运用经验和阅读体验，建构相应的语文知识和语文能力，从而有效地提升语文素养。高中课程标准中提出的18个学习任务群，其基本思想也正在于此。

我们将运用"任务群"来探索学校语文学习"场"的建设，旨在引导学生进行**文学性**、**实用性**、**思辨性阅读与写作**等方面的学习，使学生在感受形象、品味语言、体验情感的过程中提升欣赏能力，进而提高审美鉴赏能力和表达交流能力。逐渐提升学生**解决真实情境中复杂问题的能力**，逐渐提升学生的**语文核心素养**！

对于提升学生语文核心素养，《普通高中语文课程标准（2017年版）解读》中这样阐述，"对于学科核心素养的研究，不应该只停留在课程内容层面，还应涉及**教与学模式方法的革新**。"因此，学校在课程建设中就应该有新作为。

二、基于学情背景下语文学习"场"建设的探索

无论什么革新，都需要了解受众的基础与现实，我们要明晰中等学业水平学生的认知情况、认知习惯、思维水平、行为能力等，这对于我们在新教材的要求下如何融合课程资源有着不可小觑的作用。根据学校学情调查与分析：以上海市某中学为例，该校高中学生的综合学业水平处于高中学生群体的中等状况。在学习行为方面，学生主要有两大类型：一种是"学习比较认真，但学习方法需要进一步改善"，一种是"脑子比较灵活，但学习习惯需要进一步改善"。在学习能力方面，学生的"计划与安排、合作与交流、选择与处理、应对与创新"等方面的能力普遍较弱，而这些能力恰恰是学生在今后的学习和工作中所

应该具备的基本的通用能力。这种通用能力的培养也就需要综合实践的舞台。

　　基于这样的学情，我们围绕学习任务群创设包含重要学科内容、能够引导学生广泛和深度参与的**学习情境**，将传统的学习内容目标转化为学生的行为表现，设计和引发学生自主的**学习活动**。而这**学习活动**是与语文素养生成、发展、提升的明确目的相结合的，是学生的自主活动，需要学生自己去体验环境，完成任务，发展个性，增长思维能力。

　　我们将**语文学习活动**，即"阅读与欣赏、表达与交流、梳理与探究"这三类活动联动起来，将学校现有、未来的资源融合起来，形成一个语文学习活动"**场**"，让**思维活动**、**情感活动**与**交际行为**同步进行，助推学生形成**解决真实情境中复杂问题的能力**，最终促进学生提升语文核心素养。

　　学校从顶层设计上思考"教与学模式的革新"，在备课组、教研组的基础上，学校调动、融合其他教育教学资源，让整合资源这个"老话题"焕发"新作为"。为此，我们开创、融合学校课程资源：**记录随性涂鸦的"铅华空间"；展现小荷文笔的"鹿鸣平台"；聆听雅文清韵的"一亭一社"；激发高阶思维的"修习经历"；体验真实情境的"校园节日"**等，这也正是关注学生学习过程的生成、发展、提升的记录与反思。这就是我们基于中等学业水平学生面对新教材、新视野所做的新探索。

三、学校课程资源融合下学习活动与"场"联动的探索

　　我们将学校课程资源进行梳理融合，同时有效利用现代教育技术，探索形成语文学习与"场"建设联动的路径：

（一）记录随性涂鸦的"铅华空间"

　　"铅华"，在唐代张彦远的《历代名画记》中有所提及："武昌之扁青，蜀郡之铅华。"清代赵翼的《春兰禁体和吕叔讷广文》中也有："粉气薰常借，铅

华写未工。"这里的"铅华"原指作画、写字用的颜料,后引申为图画或文字。这个配合新教材单元学习任务的"活页本",记录着学生们原初的思考……

(二)展现小荷文笔的"鹿鸣平台"

此名语出《诗经·小雅》:"呦呦鹿鸣,食野之苹。我有嘉宾,鼓瑟吹笙。"小鹿呦呦鸣叫,求贤、示贤之情一展无遗。这个电子平台用于展示并记录学生们单元学习佳作。(例如,在语文必修上"文学阅读与写作"任务群的第一、三、七单元,学生的学习佳作包括:对新诗的认识——诗歌意象的学习札记——创作新诗;运用知人论世、以意逆志的方法理解诗歌,感受意境,写一则短评——多角度撰写文学短评;通过不同的表达方式来欣赏自然景物——学习多角度景物描写的方法,感受表情达意的散文……我们特别关注到"文学阅读与写作"任务群下这三个单元所关照到的文学阅读中不同文体鉴赏与写作的方法,并努力通过学习活动加以推进。)

(三)聆听雅文清韵的"一亭一社"

犹记得上海图书馆门前的"诵读亭",掩映在郁郁葱葱的梧桐树下,爱读书、爱诵读的人们熙熙攘攘地排着队,或是面带羞赧,或是面若桃花,亦或是激扬奋起,郎朗书声就是雅文清韵的声线波澜……学校"朗读亭"里,每个孩子都可以在"录音棚"独享或分享他(她)的心声……

(四)激发高阶思维的"修习经历"

为何在拓展型、研究型课程如此丰富的今天,学生仍然需要一段特殊的"修习经历"呢?经过近三年的选课调查,我们发现处于中等学业水平的高中学生对于选课出现了"畏难情绪""休闲主义"等倾向,对于一些较高品质、有难度的课程活动,学生往往望而却步。基于对四大语文核心素养培养的需求,以及新教材语文活动的要求,我们遴选出三类课程,供高中学生在高中生涯中作为他的人文"修习经历",即:1.**课程美**:篆刻、书法、茶艺、诗词创作等课程,每周2课时,由学生选读。2.**讲坛美**:《汉字的故事及文化意义》《红楼梦为什么这样红》《穿越的孔子和〈论语〉》等,以"百家讲坛"的形式，在专题教育实施阶段完成。3. **游学美**：完成历史文化名胜游学，即每学期学生的文化之旅和反思交流活动。4. **教学资源库积累**。学子在这里要经历的特殊而有益的文化之旅……

（五）体验真实情境的"校园节日"

语文素养的体现在于解决真实情境中的复杂问题，前文已作解说。校园节日正是一个个真实的情境再现，除了语文课堂上、单元设计中的"情境"外，我们将教育教学活动打通，为学生搭建实践的平台，以提升他们的综合素养。

语文教学离不开校园这个具体的人文环境。在校园里，每年有读书节、艺术节、体育节和科技节等四大节日。在这些节日里，学生们一起参与活动设计、撰写主持稿、新闻稿、评论文，成为各项活动的主人翁或观察员。通过这些活动，学生的语文素养和组织能力得到了很好的提升。

四、综合素质评价背景下学习评价与"场"运用的探索

评价是一个永无止境的探索话题，此处我仅从初步建设的语文学习"场"出发，在操作层面做一些过程评价的说明。

评价初探一览表：

序号	内容	具体要求	负责人（部门）	周期	评价
1	记录随性涂鸦的"铅华空间"	学生小试牛刀的自由而个性的乐园	任课教师	≥1次/按任务群需要设计	
2	展现小荷文笔的"鹿鸣平台"	学生创作的文学作品及文学认知反思	任课教师、备课组	≥1次/1个任务群	

续 表

序号	内 容	具 体 要 求	负责人（部门）	周 期	评 价
3	聆听雅文清韵的"一亭一社"	学生登录"朗读亭"，按个性化需求和普适性要求交流分享 按兴趣参加社团	1. 任课教师 2. 朗读社教师（配合）	1. 按任务群需要设计 2. 配合任课教师适时开展活动	1. 普适性参与：1次1分 2. 获得校级奖次：1次2分 3. "修习经历"：一个课程修完合格得3分，以此类推 4. 特别嘉奖：教育行政部门组织的作文竞赛、古诗文大赛等，区级1分、市级2分等 5. 其他未尽事宜按教导处、政教处、教研组、备课组协商核定
4	激发高阶思维的"修习经历"	1. 课程：篆刻、书法、茶艺、诗词创作等课程，每周2课时，由学生选读 2. 讲坛：《汉字的故事及文化意义》《红楼梦为什么这样红》《穿越的孔子和〈论语〉》等，在专题教育实施阶段完成 3. 导学：历史文化名胜游学 4. 教学资源库积累（见单元设计中"单元学习资源"内容）	教导处	三年内学生完成3类修习各1个项目	
5	体验真实情境的"校园节日"	参与学校情境实景的四大节日（读书节、艺术节、体育节、科技节），相关项目由教研组、政教处协定；记录统计由政教处、团委记录	政教处 团委 语文教研组	≥1次/1节日	
总评					按相关比例折合加入每学期语文学科个人**总评分**

从表格中可以发现，语文学习"场"的运用与学科教师、学校教育管理教师紧密结合，日常学习与学科总评相辅相成。无论是总在核心位置的学生，还是那些乐于观察、乐于服务的学生，都有机会在各种设计中获得"成就感"，这些设计共同推动着学习场的运行，进而提升学生的学习兴趣和学习效能！

总之，语文课在立德树人、育才成人、以文化人方面有着特殊且不可取代的作用。语文课程是基础教育阶段唯一的一门以语言文字运用为主要特点的课程，它兼具"工具性和人文性统一"的重要属性。它是一种用来充实和发展内在素养、滋生和增长终身能力的工具，而人文性就蕴含于这种工具性之中。对于国家和社会来说，高中生毕业后，他们或走向社会，或进入高校学习各个专业，因此，高中生的语文素养直接关系到全社会人文素养的提高。面对新教材，语文学习"场"的建设也是基层学校践行教育政策、体现国家意志的一次积极探索。

6. 培育促进学生个性发展的土壤

——浅谈如何创设"动机支持"的学习环境

在美国培训期间,在这个崇尚"个性"和"自由"的国度里,我参观了许多中小学校,发出那里更多的是"约束"和"有序"。马路上,小汽车会主动礼让行人;高速公路上,汽车很少随意变道、鸣笛。几乎人人都在做着自己喜欢的事,几乎人人都觉得自己的工作充满趣味。你可能很难想象,一个拥有哈佛大学第一学位,掌握多国语言的男士,也会乐于开着大巴带游客游览美国。我不由得感叹,除了社会经济水平的支撑以外,美国人的这些行为动机确实值得深入研究,美国的教育也同样值得我们去探索!

一、何谓"动机支持"

美国心理协会(American Psychological Association,APA)对于"为学生自己创造有动机支持的学习环境"进行了研究,学者Johnmarshall Reeve发现:利用不同的家庭背景、不同的学习习惯、不同的知识结构和水平等,可以有效激发学生的学习动机,让动机成为支持学生自我悦纳、主动学习的内驱力之一。我们常说,教师要让学生变"要我学"为"我要学",也就是说,只有拥有了一定的学习动机,学生学习才会有主观能动性。而有了主观能动性,学生就有可能将内因与外因相结合,从而产生良好的学习效果。

　　动机（Motivation），在心理学上一般被认为涉及行为的发端、方向、强度和持续性。动机通常不会是一成不变的，相反地，动机可能会增加或降低。然而，不管动机水平高低，人们若能维持心理上对该目标的渴望，直到人们知觉到该目标达成为止。因此，动机时常被认为是行为的前驱力，若能掌握人们的动机，则往往可以协助预测其行为的方向性与模式。

　　不同的"动机"会产生极其不同的结果。在美国学习过程中，我观察到美国教师一种司空见惯的教态，即单膝下跪。虽然这种教态也被我们所熟知，但我想探讨的是这种姿势所折射出的"动机支持"。时下，我们也提倡屈身教书，但为什么教师感到不自在，学生们也是"五味杂陈"呢？在美国学校，我们发现，当 TESL[①] 培训师、ESOL[②] 教师和相伴我们三个星期的 Vance 老师等，为了和坐着的学生讨论问题而单膝下跪时，我们看到的是他们发自肺腑的真挚与快乐。

　　一个细节告诉我们这是为什么：在 Summer School 某堂课的课堂讨论中，老师轻轻单膝下跪，抬头温和地看着学生，嘴角微微上翘，祥和的目光给学生带来了鼓舞与肯定、平等与尊重。而让我心动的则是学生的反应：她带着有些不安的表情，但同样轻轻地调整了坐姿，坐得更加端正，脸上泛起了红晕，身子前倾，更加投入地聆听老师的单独辅导，勇敢地发表了自己的看法，虽然声音很轻。这发自内心的尊重构成了她的学习动机，师生之间的相互尊重也就创建了动机支持的学习环境。

---

　　① TESL，即 Teaching English as a second Language。指作为第二种语言的英语教学。
　　② ESOL，即 English for Speakers of Other Languages。剑桥大学 ESOL 考试中心是世界著名的教育评测机构和语言能力评估机构剑桥大学考试委员会。ESOL 教师就是这个机构的教师。

二、创设有"动机支持"的学习环境

有研究表明,人在友善的环境下会心生愉悦,从而产生思考和学习的兴趣与期望。有了自我学习的动机,学习的潜力就自然而然地被挖掘出来了。在美国的大学校园里,我看到学生之间的频繁交流和微笑。这种人文氛围,让学生能够静心、养心,也开始学会用心。这种氛围让学生乐于学习、思考、实践,良好的学习动机促使学生愉快地学习。

(一)培养积极的师生心理品质

"心理品质"这一概念是由 Hillson 和 Made 首次提出的,他们以"Positive personality"(积极品质)来命名。积极心理学倡导研究人们正面的、积极的心理品质,使研究者从多方面探讨能促进个体产生积极状态的各种心理因素。后来,Seligman 在其著作中分别使用了"Positive personal trait""Positive quality"和"Positive character"。他在《积极心理学导论》中认为,"Positive personal trait"由主观幸福感、乐观、快乐和自决等构成。两年后,他使用了"Positive character"(积极品质)这一词,并认为美德和力量是个体积极品质的核心。由此可见,尊重学生、讲求个性发展的教育,一定要先让学生懂得一些"美德"和"力量",这样他们的个性与共性才能被包容和接受,并在此基础上取得长足的发展。

1. 培养心系他人的礼让品德

在马里兰大学学习期间,我们每天都能从身边的人、事、物感受到友善、平和、平等的学习氛围。某天下课,我和几位教师前往该校的 student union(学生会中心)吃午饭,由于我们一行六人,需要找一个足够大的长条桌子。可是,当时正值学生午饭时间,一时间很难找到这样的空桌子。正当我们犹豫时,坐在我身旁且已经开始进餐的金发女生很快发现了我们的问题,她笑盈盈地端起盘子说她去找一个单独的座位会比较容易，这样也就可以让我们坐在一起了。带着对她的谢意，我们感到：成人之美就像种下一颗友善的种子，会滋润很多人的心灵，这远远比"霸占"一个座位更让人敬佩！

2. 树立学生自信平等的竞争意识

在离马里兰大学校园最近的 College Park-u of Md 地铁站处，我时常会看到一位学生模样的青年：矮小的身材特别不起眼，可是让人心痛的是支撑他行走的双腿——那无法弯曲的假肢和一双崭新的球鞋深深地刺痛着我的眼睛。我怕多看他一眼会伤着他的自尊，可是他却始终乐呵呵地挂着双拐快乐地前行。同样的场景，在 Georgetown University 同样地出现。暑期里，你依然会看到那些身体残缺但却忙碌着的身影，一位少了只胳膊的大男孩穿着短袖衫急匆匆地走在校园里；在通往 Georgetown University 大门的斜坡路上，我看到一个几乎是以"挪动"为行动方式的男学生，背着他的书包一脸思索状地、旁若无人地"走着"，冰冷的假肢敲打着炙热的水泥地，这时冰冷已经不再冰冷了吧——无论你是残疾还是健全，求学之路是平等的，他们都是人们心中最美的英雄。

每一个人只要想要学习，都可以自信并平等地参与任何想要的竞争。由此，在我们的课堂上又有什么不可以"平等"地对待呢？在一定条件下，学习好与坏，快与慢都应给予他友善、平等地关怀，从而增加学生学习自信心，提高学生的平等竞争意识。

3. 养成享受职业成就的"事业情怀"

当我们听说可能延迟退休时间，我们大部分人都会惊呼——怎么会这样？等我六十岁、七十岁退休，岂不无法享受生活啦？我都没有时间干我喜欢的事啦？但在美国，一般情况下，大多数人想工作到什么时候就到什么时候。一个美国朋友说他的奶奶已经八十多岁了还在颤颤巍巍地工作着，只因为她依然热爱着她的工作，此时她的孙子也已经和她成为同事。工作是他们的乐趣，也是生活的一部分，生活与工作是包含关系，这是他们从小就接受到的一种潜移默化的教育。当我们抱怨职业时,也就降低了我们的职业幸福感,这也会不利于激发学生对于学习的热爱,影响其对于今后工作和生活的态度。

　　再来看看他们的志愿者,像对待事业一样对待自己的职业。无论是华盛顿特区的航空航天博物馆中的激情小老头,还是战地公园里发出微颤声音的博学老者;无论是战地公园中有着西部牛仔风的帅小伙,还是国会图书馆中八十高龄的咨询处老太太,他们会让你感到志愿服务原来可以这样有意义——把你的所知所能传递给需要的人——人生幸事;传递中会让更多的人们更快乐,也许又让一个人产生了服务他人的良好动机了呢!至少他们坚定了我的选择!

　　细细想来,一张张陌生的脸,记录了在地铁里为我们指路的白领青年,怕我们走错特意又奔向我们仔细解说;迷路后,无奈中拦下小车,车主妇人送客到站同时不忘叮嘱:下次不可随意拦车,陌生环境和陌生人有时会给你带来危险!真诚、信任、友好可以激发更多的真诚、信任、友好!无论他们从事什么职业,他们总是那么享受他们的"职业",开心地、认真地从事这一个个平凡的工作,富有激情地对待他们眼中的"事业"。

(二)聚焦教学行为过程

　　历经新时代教育理念的洗礼,我们不再争论课堂上教师与学生谁是主导,谁该用多少时间,"课堂首席"的问题因平等开放而迎刃而解。如今,如何教学生,以教授学生哪些内容,才是值得教师深入讨论的主要问题。

1. 开展基于学生心理发展的教育

　　教育教学的对象理应是学生,学校教育理念的构成理当适应并引导孩子的心智发展。下面,我就以美国 Washington-Lee High School 中的警示语为例,谈谈我的感受。

　　在参观 Washington-Lee High School 时,我对这所历史悠久且重新翻新才5年的名校中的一块蓝底白字的警示语产生了兴趣,即"Take care of Yourself, Take care of Each Other, Take care of Your School"。从一个个奖

杯，一张张获奖证书中，我们可见学校的综合办学实力，但他们没有因此而形成大而化之的口号，固然也不允许断章取义的理解。该校的警示语从"关心你自己，互相关心，关心学校"三个层面自然地递进，符合人对自我、他人的认知过程，也再一次印证了马斯洛的"需求层次"理论。对此，学生乐于接受也易于接受，而易于接受就容易使其转化为自身行为，从而产生相应的教育效果。

此外，该校还设立了一块特殊的警示牌，上面写着："你的梦想就是学校的梦想"。无论学生在哪方面有特长，学校都会竭力帮他实现梦想。该校陈列室的玻璃窗上，张贴着一幅幅学生从"丑小鸭"蜕变为"白天鹅"的精致海报。这些照片，从学生入学到毕业，无不记录着学校对学生成长的关心与陪伴。透过这些简单却寓意深远的警示语，我们可以看见学校对每一位学生个性发展的重视，也体现了学校的教育理念。这是学校教育层次的具体展现，在这片教育的圣地里，我们要帮助学生记住什么？答案一目了然。

同时，该校在助力学生实现各自梦想时，不忘教导学生理解"different"与"good"的本质区别：在尊重每一个学生个性的同时，也向他们阐释何谓个性。在饮水机上方，一张由 ARTHUR FREED 提写的警语这样写道："Don't try to be different. Just be good. To be good is different enough."（不要刻意追求与众不同，而是要追求卓越。卓越本身就是足够的与众不同。）这种文化积淀是值得我们细细品味的——我们期待孩子能与众不同，但更应该让他们懂得，他们的"不同"是为了让我们每个人变得"更好"！盲目追求标新立异并非个性的展示，在这片教育的圣地里，我们要教会学生什么呢？答案也是一目了然。

其实，知识的学习亦是如此。还记得在 Vance 老师教授我们如何正确发音时，他运用了图片、皮筋、木塞、模型等教具，从口形、音节、重音等方面入手，确保我们语音语调的准确。他带了许多我们熟悉的小工具，如橡皮筋、小喇叭、冷饮棒、羽毛、图示等，这些平时看似不起眼的小物件，却能让学生清晰、简单地发出标准音。教师在教学时，首先要考虑的是学生如何"学"，要从学生学习的角度出发来思考"教"，并将这种思考付诸实践，从而形成一个完整的"教学"过程。当然，要全面考虑如何让学生高效地学习，就不可避免地会涉及如脑科学、心理学、教学法、教科研方法等多个方面，这对教师的专业素养无疑提出了更高的要求。

2. 建立既有广度又有深度的学习认知结构

当今社会处于知识大爆炸时期，学生可以通过众多渠道，运用各种媒介筛选、提取所需要的信息。这种快速、多样、信息量大的汲取方式塑造了今天人们的认知，同时也对学校教育提出了新的挑战。比如说：某个学生可能在幼儿园时期就通过教育软件等了解了杠杆原理，可是按照物理课程教学大纲，学生在初中二年级才会正式学习这一概念。因此，"传道授业解惑"在今天有了更高的标准和更严格的考量。教师是应该单纯地教授学生知识，还是激发学生对知识的渴望，这值得我们深入思考与研究。

例如，儿童读物《Little One Whoever You Are》从全球不同肤色的人群角度出发，向学生介绍这个多元的世界。五大洲四大洋在不同人群的演绎中，为学生展现了来自不同学校、拥有不同生活、使用不同语言的人群。但所有的人都有一颗会感知爱和疼痛的心，这是一个广阔的世界，也是一个友好的世界。也就是说，对于学生的认知教育，教师可以展现其广博性，从小教导学生广泛地认知世界，帮助其搭建完善的认知结构。

以上只是对于认知宽度的一部分认识，那么其厚度又如何体现呢？培养学生怜悯、同情的社商（Social Intelligence）是构建其情感、态度、价值观的重要手段之一。例如，如果要给学生介绍水，教师可以怎么做呢？绝大多数人不会忘记水的"三无"特性；如果要加上教育意义，无非是警示语"请珍惜每一滴水"。但这并不能帮助学生真正理解水的意义，更不能让其发自内心地认为水可贵。而另一本儿童读物《A Cool Drink of Water》就告诉学生水的来源：有山谷、河流、屋檐上的雨水等；水是无形的，可以被装在 buckets（水桶）、

pots（锅）、plastic jugs（塑料壶）、bottle bag（瓶装袋）、cap（瓶盖）等器物之中。书中，运用这些器物的人有沧桑的老人、弱小的孩子、哺育的母亲、艰辛的探险者，这些具有视觉冲击的图片向读者传递着——珍惜生命之源、爱怜"卑微"的生命。这种深厚地认知能让学生受用终身；这种"俯身"学习尤为重要；知道怜悯同情就知道珍惜感恩，知道珍惜感恩就知道求知上进。因此，我认为这种教学内容值得教师在教学中加以借鉴。

3. 创设既平等又忙碌的课堂活动组织形式

今天我们的课堂总少不了分小组讨论、交流小结等授课形式。然而，在美国学习的过程中，Lado 教师培训中心的 Vance 老师给我们呈现的课堂形式就很不同。平日里，我们的教室位置通常是固定的，小组讨论也无非是前后左右四人一组，讨论几分钟便结束。可是，美国课堂的分组形式让我收益良多，每次不同的分组总会给我们带来新的惊喜！让学生忙碌起来确实是一种不错的教学策略。

恰巧，一篇名为《忙碌是最好的》（[日]斋藤一人）的文章引发了我的思考。"击垮一家企业的是三种浪费——仓库里多余的存货、不工作的员工以及面积过大的工作场所。"让货物流动起来（忙起来），让员工动起来（忙起来），让顾客拥挤起来（忙起来），商人便盘活了企业——而我们今天的课堂也有着异曲同工之妙。在课堂上，Vance 老师每堂课必定组织几次活动，让听他讲课的教师也忙碌起来。一般三个小时的课程，他会分为前后两段。前后两个时间段各有一两个小组活动。其中，Vance 老师活动分组所采用的各种方法我进行了总结，分别为以下五种：第一，就近原则，随机前后两排人，一排向后转。第二，采用报数的方法，可以用"1、2，1、2"的报数法，单双行成两队；若需要多组，可以用"1、2、3、4、5……"报数法划分。第三，扔纸球，寻朋友。纸上写好姓名，听讲的教师随意扔出，随地捡起几张纸片，按上面的姓名组成小组；或者在纸上写上"WHO AM I? So ... so ... such"和自己显著的特征，随意扔出，随后教师们捡起纸条并根据上面的内容找到合作伙伴，完成匹配。第四，所有听课教师出列，站成内外两个圈，面面相对，然后两两讨论，5分钟后内圈教师原地不动，外圈教师向右跨一步，找到新拍档，继续讨论。第五，按听课教师的教授年段分组，即小学、中学、高中教师各自形成小组。一周以内，每位教师都已经分别与十多名不同的教师合作过，这种新颖的交流合作形式也拓宽了教师们的教学思路。

接着，Vance老师以他的教案为讨论话题，让教师们商议，每小组选一位LEADER（组长）发言，通过讨论分享智慧。在分享的过程中，教师相互学习、交流、吸收对方的教学经验。最后，Vance老师与我们一起进行纠错、启发、总结。这种不带任何评价色彩的分组形式，能为学生创设一个勇于发表意见、乐于发表意见的愉悦学习环境。只有在这种没有固定"权威"的临时小组里，学生才会勇于发言、乐于表达，这也直接影响着他们的学习动机。

我们希望成为人才强国，在今天这个日益进步的时代，我们越来越明白培养人才的过程是需要我们静心、精心地去做一些事。个性化教育的闪光之处就在于我们认识到人作为个体的美德和力量！然而，培养人才离不开沃土，就让我们用鲁迅先生《未有天才之前》一文中的几句话来共勉吧！"天才大半是天赋的；独有这培养天才的泥土，似乎大家都可以做。做土的功效，比要求天才还切近；否则，纵有成千成百的天才，也因为没有泥土，不能发达，要像一碟子绿豆芽。"

（《美国"动机支持"的学习环境创建》，

发表于《现代教学》，2015年6A。有改动）

后　记

我出生在一个知识分子家庭，曾祖父留洋救国，为国家革新而努力实践；祖父是一代桥梁专家，为国家基础建设而尽职尽责；祖母也是新式学堂中走出的智慧女性；父母亲是大学老师，为国家高端人才培养而辛勤耕耘。在这样的家庭氛围中，我慎重地选择了基础教育这片沃土作为我的终身事业。我将这一切视为可以沉淀自己的财富。

作为一位女性教育工作者，2018年伊始，"第一教育"平台上一篇《父母过好自己的人生，孩子就没有问题》的文章深深触动了我。"相互尊重""终身学习"不仅是我的家庭观念，更是我力争做好基础教育工作、语文教学工作的不懈追求。因此，我萌生了将自己在语文教学中的浅薄思考和对教育理想的坚守整理成册的念头，这既是为了自我沉淀，也是希望为他人提供些许建议或启示，共同成长。然而，由于日常生活、工作的琐碎繁杂和"懒惰"思想，这一想法直到六年后才得以实现。

从教二十余年，我经历了从基层学校教师、教育管理者，到区域教育业务管理者的转变。如今，我有幸再次回到基层学校，与老师们携手为孩子们的未来助力。这一系列的经历让我对语文教学和基础教育有了更广阔的视野和更深刻的认知。我感谢这些变化带给我的成长和收获。

现在，这本小册子得以面世。我为她取名为《书，这样读有意思——给高中生的读写小贴士》。凭借二十多年的一线语文教学经验和十多年的学校教育管理经历，我深知现在的高中学生在读书、写作和人生规划上需要遇到一些能够产生共鸣的忘年交式教师知音。因此，我努力汇集领导、专家、同仁以及学生们的建议，尝试为高中学生提供一些不畏"读书"的指导。在这个快速发展的时代里，我希望这本书能够给高中学生带来一丝宁静，让他们能够认真思考，慢慢规划自己的阅读、写作和人生。

回顾这本小册子的"生产"过程，我非常感谢支持我、帮助我的领导、学科专家、教育同仁和可爱的学生们；感谢为我作序的华东师范大学中文系教授、深度参与国家统编版语文教材编写顶层设计等工作的倪文尖老师对这本"小册子"的鼓励；感谢上海市静安区教育党工委原书记、局长陈宇卿先生、华东师范大学教授郅庭谨女士、上海市市西中学校长董君武先生等给予的关心和支持；感谢上海大学出版社陈露、厉凡等编辑的辛勤付出。

最后，我希望这本"小册子"能够激发高中学生对阅读、写作的兴趣，同时也能让教育同仁继续发掘"语文"的奥秘，带领学生们，把书读得更有意思。

陈佳彦

2024 年 7 月